読書感想文の書き方

中学年向き

依田逸夫《よだいつお》

ポプラ社

はじめに

読書感想文《かんそう》と聞くとどんなことを思いうかべますか。

えっ、いやだなあなどという声が聞こえてきそうです。

そこで、ある学級《がっきゅう》に行って聞いてみました。

まず、読書が好《す》きかどうかを、たずねました。

すると、三十六人中、好《す》きと答えた人が十四人、嫌《きら》いと答えた人が五人、好《す》きでも嫌《きら》いでもないと答えた人が十七人でした。

ところが、読書感想《かんそう》文を書くことが好《す》きかどうかとたずねると、好《す》きと答えた人が三人、嫌《きら》いと答えた人が二十三人、好《す》きでも嫌《きら》いでもないと言う人が十人でした。

嫌《きら》いだと答えた人にどうして嫌《きら》いなのかたずねると、書くのが苦手《にがて》で書き方がよくわからないと言う人がほとんどでした。

この本は読書感想《かんそう》文を書くのが苦手《にがて》だと思っている人のために書きました。

読書感想《かんそう》文は書き方のポイントさえつかめばあんがいスラスラと書けます。

そこで、この本のキャラクターであるティラノサウルスの物語《ものがたり》、『であえて
ほんとうに　よかった』（宮西達也《みやにしたつや》・作絵　ポプラ社）を例《れい》にして　感想《かんそう》文に取《と》り組んでみます。

次《つぎ》に、読書感想《かんそう》文にはどんな種類《しゅるい》があるかをしめします。

そして、感想《かんそう》を書くためには読書をしなければなりません。

そこで、読書についてお話します。

とくに、良《よ》い本と出会うことが、感想《かんそう》文を書くための大切なポイントだからです。

そして、読書ノートの作り方、書き出しの工夫《くふう》、文の組み立て、題名《だいめい》のつけ方など具体的《ぐたいてき》に例《れい》をあげてみました。

後半《こうはん》では優《すぐ》れた感想《かんそう》文を取《と》り上げて書き方のコツをしめしました。

読み味《あじ》わってみてください。

二〇一〇年五月

依《よ》田《だ》逸夫《いつお》

目次

読書感《かん》想《そう》文の
書き方
中学年向《む》け

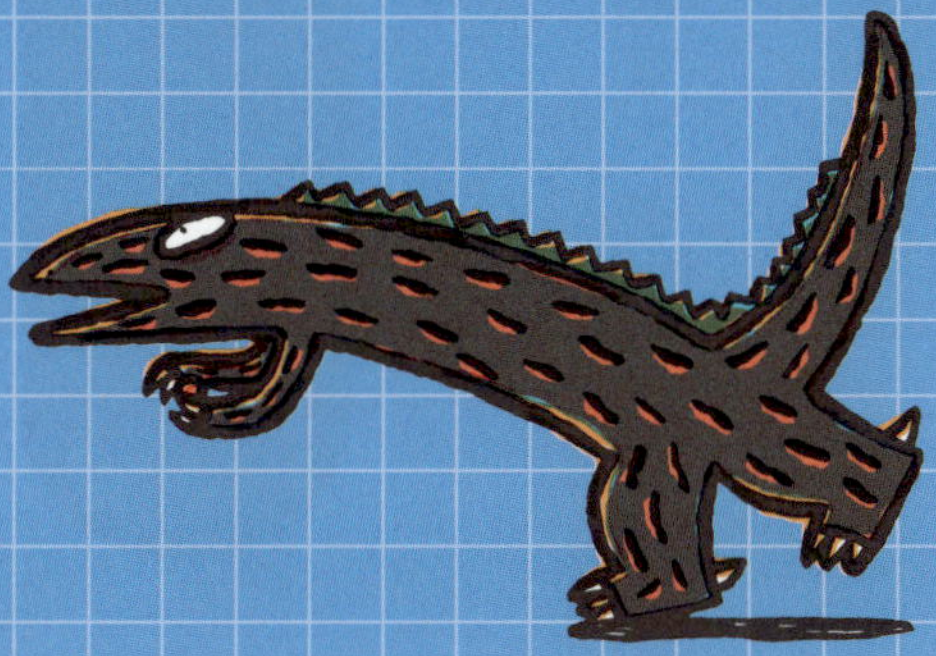

はじまりは感《かん》想《そう》

1 感《かん》想《そう》を話し合う

感《かん》想《そう》文を書く前にある教室に行きました。

『であえて　ほんとうに　よかった』（11ページに紹《しょう》介《かい》があります）という物《もの》語《がたり》を読み聞かせしました。

そして、どんな感《かん》想《そう》を持《も》ったかを聞いてみました。

- 感《かん》動《どう》した。（ナナミさんほか十八名《めい》）
- おもしろかった。（ショウタ君《くん》ほか六名《めい》）

●悲《かな》しかった。（ユウカさんほか四名《めい》）
●良《よ》かった。（ジュンペイ君《くん》ほか三名《めい》）
●好《す》きなお話だった。（マミさん）
●あこがれた。（ヒロヤ君《くん》）
●やさしい物語《ものがたり》だと思った。（アミさん）
●心がほんわかした。（サキさん）

ところで、「感想《かんそう》」ということはどういうことでしょうか。

国語辞典《じてん》で調《しら》べてみると、

「心にうかんだ思い、感《かん》じ」などと出ています。漢字《かんじ》の意味《いみ》から言うと、感《かん》じて、思うこと、となります。

具体的《ぐたいてき》に言うと、文を読んだり、音楽を聞いたりして心にうかんだことが感想《かんそう》です。

絵を見たりテレビを見たり映画《えいが》を見たり人の話を聞いたりしたときも同じです。

本を読んだときには、一番初《はじ》めに感じたことが感想《かんそう》文の素《もと》になります。

文を書くための種《たね》のようなものなのです。

そこで、この種《たね》をもう少し成長《せいちょう》させてみましょう。

本の紹介

『であえて　ほんとうに　よかった』

宮西達也《みやにしたつや》◉作絵
ポプラ社

『であえて　ほんとうに　よかった』は、ティラノサウルスシリーズの1冊《さつ》です。このシリーズには、『おまえうまそうだな』『おれはティラノサウルスだ』『きみはほんとうにステキだね』『あなたをずっとずっとあいしている』『ぼくにもそのあいをください』『わたしはあなたをあいしています』『あいしてくれてありがとう』などがあるので、このシリーズのほかの本も読んでみてください。

こんなお話です

らんぼう者《もの》できらわれ者《もの》のティラノサウルスが赤い実《み》の木を取《と》りにやってきたスピノサウルスの子どもを食《た》べようとする。

そのとき大きな地震《じしん》が起《お》こる。

地面《じめん》がさけて二つに分かれ、二匹《ひき》は地面《じめん》ごと海に流《なが》されていく。

それから二匹《ひき》だけの生活が始《はじ》まる。

初《はじ》めティラノサウルスは、スピノサウルスを食べてしまおうとする。ところがスピノサウルスはティラノサウルスのために魚を捕《と》ってあげるということで命乞《いのちご》いをする。

それから、二匹《ひき》の生活が始《はじ》まっていく。

スピノサウルスは病気《びょうき》の母親のために赤い実《み》を取《と》りに来たことを話し、母親の身体《からだ》を心配《しんぱい》している。

ティラノサウルスは話を聞いて心を動《うご》かされる。

やがて二匹《ひき》の間には友情《ゆうじょう》のようなものが芽生《めば》えていく。

そしてまたある日、地ひびきがして二匹が住《す》む島《しま》が動《うご》き始《はじ》める。

なんと、はなれていた陸《りく》に近づいていく。
しかし、あと少しのところで地震《じしん》はピタリととまり、島《しま》は動《うご》かなくなってしまう。
ティラノサウルスはスピノサウルスをだきかかえて思いっきり飛《と》ぶ。
しかし、そこには思わぬ結果《けっか》が待《ま》っている。

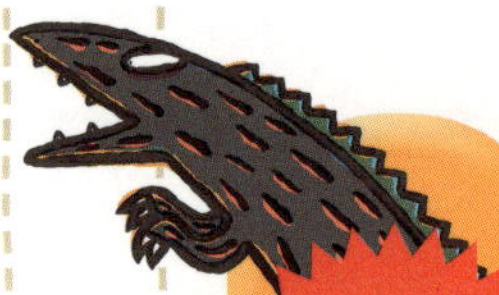

2 感想《かんそう》を書く

そこで、自分がどうしてそのように感《かん》じたのかを書いてもらいました。

感動《かんどう》したと言った人たちの感想《かんそう》

● ティラノサウルスが子どもを食べようとしたのに、食べなくて良《よ》かった。最《さい》後《ご》に赤い実《み》のなる木を取《と》りに戻《もど》って海に落《お》ちたところに感動《かんどう》した。（ナナミ）

● いい友だちだなと思いました。お母《かあ》さんにあげる赤い実《み》のなる木を取《と》りに戻《もど》ったところが良《よ》かった。（マヤ）

● 自分の命《いのち》をかけて木を取《と》りに戻《もど》ったところに感動《かんどう》した。（ユウタ）

● ティラノサウルスが最後《さいご》に言い残《のこ》した「おれなぁ　おまえにであえて　よかった」というところで涙《なみだ》が出そうになった。（タク）

感動《かんどう》したと言った人たちは最後《さいご》のほうの場面《ばめん》に心を動《うご》かしたようです。

おもしろかったという人の感想《かんそう》

●ティラノサウルスが、今まで一度《いちど》も「ありがとう」とか「すごい」とか言われたことがなかったというところ。（ショウタ）

●ティラノサウルスがスピノサウルスにほめられて反応《はんのう》するところ。（リョウ）

おもしろかったと言った人たちはことばの表現《ひょうげん》に心が動《うご》いたようです。

悲《かな》しかったという人たちは

●自分の命《いのち》をかけて赤い実《み》のなる木を渡《わた》したけれど海に沈《しず》んでしまったこと。（マヤ）

●せっかく良《よ》いことをしたのにむくわれることがなかった。なんとなく『ごんぎつね』のお話を思い出した。（ユウカ）

悲《かな》しいという感想《かんそう》を持《も》った人は感動《かんどう》したという人たちと同じ場面《ばめん》で心を動《うご》かしています。

あこがれたと言ったヒロヤ君《くん》は……

●ぼくはティラノサウルスのようにやさしくて強い人になりたいです。（ヒロヤ）

3 感想《かんそう》文は感動《かんどう》文

感想《かんそう》を書いてもらった文の中に感動《かんどう》したということばが何度《なんど》も出てきました。

感想《かんそう》文はどうやらこの感動《かんどう》ということばと深《ふか》い関係《かんけい》にあるようです。

では、感動《かんどう》とはどんなことなのでしょうか。

感動《かんどう》するというとどうしてもジーンとしたり、涙《なみだ》が出そうになったりすると思ってしまいます。国語辞典《じてん》では、「なにかに深《ふか》く感《かん》じて、心を動《うご》かす」とあります。

すなわち、うれしい、くやしい、悲《かな》しい、楽しい、おもしろい、さびしいなどという気《き》持《も》ちを強《つよ》く感《かん》じることです。

感想《かんそう》を書いてくれた人はみな、その人の感動《かんどう》したことを書いたのです。

実《じつ》は読書感想《かんそう》文は読書感動《かんどう》文なのです。

そこで次《つぎ》に感動《かんどう》を記録《きろく》しておくポイントについてお話します。

本を読んだ感動《かんどう》をマークしておく

- おもしろく、楽しいところ。
- 悲《かな》しいところ。
- 読んでいて腹《はら》が立ったところ。

●ジーンとして涙《なみだ》が出そうになったところ。

●そうだなと思ったところ。

●自分にも似《に》たような経験《けいけん》があるところ。

●よくわからないところ。

●初《はじ》めて知ったところ。

●誰《だれ》かに伝《つた》えたいと思ったところ。

●気に入った文章《ぶんしょう》。

マークするときに図書館《としょかん》の本や他人《たにん》の本には線を引いたり、書き込《こ》みをしたりしてはいけません。

しおりを入れたり、フセンをつけておくとよいと思います。

ところで、感想《かんそう》文を書くのには同じ本を何回ぐらい読んだらよいのでしょうか。

このことは人によって違《ちが》いますが、まず、一回目、物語《ものがたり》を楽しみ、初《はじ》めの感想《かんそう》を持《も》ちます。

二回目は自分が感動《かんどう》したところや気になっている表現《ひょうげん》、よくわからないところなどにマークをします。

そして、三回目、いよいよ文章《ぶんしょう》を書くために確《たし》かめるための読みをします。初《はじ》めに読むときにマークをしていく場合もありますが、ふつう三回ぐらいは読むのが、よいと思います。

そこで『であえて　ほんとうに　よかった』のどんなところにマークをしたのかナナミさんに見せてもらいました。

● おもしろかったところ

いばっていたティラノサウルスが泳《およ》げないと言ったところ。

メソメソに「すごい」とか「かっこいい」と言われたところ。

●悲《かな》しいところ

赤い実《み》のなる木を取《と》りにもどって海に落《お》ちて沈《しず》んでしまうところ。ジーンとして涙《なみだ》が出そうになった。

海に沈《しず》む前に「おまえにであえてよかった」と言った場《ば》面《めん》。

●疑《ぎ》問《もん》に思ったところ

ティラノサウルスはなぜメソメソの身《み》の上を聞いただけでやさしくなったのか。

●ドキドキした場《ば》面《めん》

地《じ》面《めん》が地《じ》震《しん》で割《わ》れていく場《ば》面《めん》。

ティラノサウルスが島《しま》から陸《りく》地《ち》に飛《と》ぶ場《ば》面《めん》。

ナナミさんはこれらの場《ば》面《めん》を手がかりにして読書感《かん》想《そう》文を書いていきます。

そのためには、題《だい》名《めい》のつけ方、書き出しの工《く》夫《ふう》や文《ぶん》章《しょう》の組み立てなど、「作文」を書くときと同じように考えなければなりません。

このことについては、また、あとでふれたいと思います。

ナナミさんはふだんから読書をした後《あと》に読書の記録《きろく》をノートに書いています。

これを書いておくと自分の心の成長《せいちょう》になると、二年生のときの担任《たんにん》の先生にすすめられて始《はじ》めたものです。このノートは感想《かんそう》文を書くときにも大いに役立《やくだ》ちます。

読書の記録《きろく》ノート

読んだ日	6月23日(火)
書　名	であえてほんとうによかった
作　者	作/絵　宮西 達也
出版社	ポプラ社
感　想	・ティラノサウルスが子どもを食べようとしたのに食べなくて良かった。 ・後に赤い実のなる木をとりに戻って海に落ちたところに感動した。 ・メソメソが赤い木の実を取りに来た理由を聞いてティラノがやさしくなったのはなぜか。

4 読書は心の栄養《えいよう》だ

読書感想《かんそう》文に取《と》り組む前に、読書について考えてみたいと思います。

社団《しゃだん》法人《ほうじん》全国《ぜんこく》学校図《と》書館《しょかん》協議《きょうぎ》会と毎日新聞社が行った読書の調査《ちょうさ》の結果《けっか》があります。

全国《ぜんこく》の小学生に「本を読むことは大切だと思いますか」と聞きました。

大切だと思う

男 85・6％ 女 94・7％

大切だと思わない

男 13・3％ 女 4・7％

（2009年 学校読書調査《ちょうさ》）

この結果《けっか》からわかるように、小学生のほとんどが読書は大切なことだと考えています。

それでは本を読むことが大切だと思う理由《りゆう》をたずねてみました。

知らない言葉《ことば》や漢字《かんじ》を覚《おぼ》えることができる。

いろいろなお話を読むと心が豊《ゆた》かになる。

事実《じじつ》を正確《せいかく》に知ることができる。

経験《けいけん》したことのないことや、昔《むかし》の出来事《できごと》がよくわかる。

行ったことのない場所のことをくわしく知ることができる。

想像力《そうぞうりょく》が豊《ゆた》かになる。

などということをあげています。

この中で小学生が一番大切に考えているのは、「知らない言葉《ことば》や漢字《かんじ》を覚《おぼ》えることができる」ということでした。

二番目は「想像力《そうぞうりょく》が豊《ゆた》かになる」続《つづ》いて「いろいろなお話を読むと心が豊《ゆた》かに

なる」ということでした。

読書をすることによって心が豊《ゆた》かになり成長《せいちょう》していくのだと考えている人たちが多いのです。

それではじっさいに全国《ぜんこく》の三・四年生がどんな読書をしているのか読書感想《かんそう》文を通して見てみましょう。

1 本は楽しみ想像《そうぞう》する力を豊《ゆた》かにする

まず、読書の一番大切なことは「楽しむ」ということです。

スポーツや遊《あそ》びなどと同じように、楽しみのために本を読むのです。

そして、想像力《そうぞうりょく》を広げて見知らぬところをたずねたり、見知らぬ時代《じだい》に行ったり、見知らぬ人に会ったりすることが自由《じゆう》にできるのです。

「おじいちゃんのおじいちゃんのおじいちゃんのおじいちゃん」を読んで

和歌山県岩出市立岩出小学校
三年　杉井　桃子

国語の教科書でこの本のことを知りました。長くておもしろい題名だなあと思いました。どんなおじいちゃんのお話なのか、気になってしかたがありませんでした。どうしても読んでみたいと思いました。

題名では、『おじいちゃんのおじいちゃんのおじいちゃんのおじいちゃん』だけど、それよりも、もっとすごいおじいちゃんがいっぱい登場します。今、七十二才のおじいちゃん、ひいおじいちゃん、おひげの長いおじいちゃん、ちょんまげのおじいちゃん、毛むくじゃらで、うさ

ぎをつかまえているおじいちゃん、さい後には、おさるさんのおじいちゃんになってしまって
「エエエエ〜ッ。」
とおどろきました。このおじいちゃんたちは、本の中に出てくる男の子だけのおじいちゃんの話ではないことが、わかりました。
わたしが、ずうっと前のおじいちゃんと出会ったらどんなかんじになるのかなとそうぞうして、プッとわらってしまいました。
ちょんまげのおじいちゃんの前で、トウシューズをはいて大すきなバレエをおどってみたら……。くるくる回るわたしを見て
「なんでござるか。そんなあぶないものは早

くすてるでやんす。」

と言う様子が目にうかびます。

げんし人のおじいちゃんには自転車にのったわたしが、いのししのようにいきおいよく
「おりゃー。」

と前をよこぎって登場すると、おじいちゃんは、えものとまちがえてものすごいスピードでおいかけてくるにちがいありません。にげきれるかどうか心配だけど、おじいちゃんの体力けんさをぜひしてみたいです。

古い時代にもどりながら登場するおじいちゃんの様子がおもしろくて、わたしも本の中へいっしょにタイムスリップしていきます。

そして、ふしぎなことに気がつきました。ひいおじい

ちゃんよりひいひいおじいちゃん、ひいひいひいおじいちゃん……と昔にもどっていくとおじいちゃんがどんどんわかくなっていることです。今の人よりじゅみょうがみじかかったからかな、それともきけんなめにあいながらえものをおいかけたり、せんそうしたり、こわい時代もあったからかな。

本の終わりには「ぼくのおじいちゃんは、おさるさん……なの？」「ぼくは……だれのおじいちゃんになるのかな。」と書いています。この場面は、おもしろいので大すきです。「ブブブーッ」とふき出してしまいました。そして、ドキッとしました。「すごい。おさるじいちゃんから今の時代までずうっとつながっているんだ。」と、気がつきました。

今、いのちのバトンをもっているわたしに、たくさんのおじいちゃんたちが、ニコニコわらいながら「しっかりがんばれよ。」と、かたをポンポンとたたいてくれたような気がしました。わたしのいのち、大切にするぞ。

「おじいちゃんのおじいちゃんの
おじいちゃんのおじいちゃん」
長谷川義史　作・絵
（BL出版）

杉井《すぎい》さんのこの読書感想《かんそう》文は『おじいちゃんのおじいちゃんのおじいちゃんのおじいちゃん』という絵本を楽しんで読んでいます。そして、物語《ものがたり》の世界にタイムスリップして、登場《とうじょう》する人たちとの出会いを空想《くうそう》しています。この感想《かんそう》文は第《だい》五十二回青少年《せいしょうねん》読書感想《かんそう》文全国コンクールの入選作品《にゅうせんさくひん》です。

本を読んで自分を見つめなおし 他人《たにん》の気《き》持《もち》ちも理《り》解《かい》できるようになる

天使の翼

愛知県瀬戸市立水南小学校
四年　松田　朱里

「スノードロップ」って、どんな花なんだろう。花言葉は、〝逆境の中の希望〟。香織は、まるで天使の翼みたいだという。そんなかわいらしい花に、私も強くきょう味を持った。このスノードロップがきっかけで、羽田のおじいさんと香織は心を通わせていった。

私は、香織のようにひとりでいるのが好きで、自分の気持ちをはっきりと言わない、目立たない子が苦手だ。

いっしょにいると、とても気をつかうからである。もちろん、美佳のようにわがままで、自己中心的な子は一番きらいだ。自分はというと、池ちゃんのようなタイプだと思う。自分の気持ちははっきりと伝える方だし、暗くておとなしいと何かそんをしているみたいでいやなのだ。でも、お母さんに言わせると、私も時々、香織と美佳の間を行ったり来たりしているらしい。

私の周りにも、香織のような子はいる。その子を見ていると、助けてあげたい気持ちとイライラする気持ちが、自分の中でぶつかり合うのだ。だから、香織に対して私も、

「もっと積極的になって！　強くなって！」

と、池ちゃんや三ッ矢先生のように言いたくなった。

しかし、そんなことは香織本人が一番分かっていたのだ。分かっているのに、どうしようもないつらさを香織はひとりでずっと抱えていた。人の中には、育ってきたかん境やと中で起きた何かの原因によって、周囲の人達が気付かないつらい悩みを抱えている人がいるんだということを知った。私は、香織がとてもかわいそうだと思った。そして同時に、香織がなぜスノードロップに強く心を引かれたのか分かった気がした。

羽田のおじいさんと出会ってから、香織はとても変わった。自分

の考えで行動したり、自分の気持ちをはっきりと伝えるようになった。香織の変化が、私はとてもうれしかった。

中でも、いじわるな美佳にスノードロップの花だんをあらされた時、怒りながら、はっきりと大きな声で言い返した香織に私は、

「よくやったね。がんばったね。」

と、心がおどった。そして、心がスーッと軽くなった感じがした。香織もそうだったにちがいない。その後、美佳もまた変わった。まだ素直ではないけれど、必死にスノードロップを育てている香織のことを認めはじめ、協力するようになった。

スノードロップの力って、すごいと思う。やはり、香織の言葉通り、スノードロップの花の精がま法をかけて

くれたのかもしれない。

『どんな時にも強い生命力を発きして絶対に負けるな。どんな時だって希望はあるんだ。』

羽田のおじいさんの言葉が胸にひびく。おじいさんの心のこもったスノードロップの球根を毎年卒業生に受けついで、かわいらしい花をさかせていってほしいと思う。

私も今年の秋に、スノードロップの球根を植えてみようかな。天使の翼をこの目で見てみたい。そして、〝逆境の中の希望〟を私の心にも育てていければ、と思う。

『天使の翼　心がはばたくとき』
倉橋燿子・作　佐竹美保・絵
（ポプラ社）

松田《まつだ》さんは物語《ものがたり》の中に登場《とうじょう》する人たちと自分の身《み》の回りにいる友だちとを重《かさ》ね合わせています。

また、自分の性格《せいかく》がふだん思っていることと違《ちが》うことを知ります。

そして、本によって自分が励《はげ》まされていることに気づいていきます。

この感想《かんそう》文は第《だい》五十二回青少年《せいしょうねん》読書感想《かんそう》文全国《ぜんこく》コンクールで全国《ぜんこく》学校図《と》書館《しょかん》協議《きょうぎ》会長賞《しょう》を受賞《じゅしょう》しました。

3 本を読んで自分が変《か》わる

「盲導犬不合格物語」を読んで

島根県出雲市立高浜小学校
四年　森　結衣子

「あーあ、どうして私は泳げないいんだろう。」

「テストでこんな点とっちゃった。」

これは、私がしょっちゅうかかってしまうがっかり病です。そして、その後決まって心の中でこうつぶやくんです。

「わたしって失格だあ。」

何が失格なのと家族は聞くけれど、私の心の中は失格ということばでいっぱいになります。できないことが山ほどあるから失格なんです。

この本の題を見た時、目が丸くなりました。盲導犬の本を今までにも何さつか読んだことがあるけれど、みんなりっぱに活やくしたお話でした。それなのにこの本は、盲導犬不合格のお話なのです。不合格の犬のことがどうして本になるんだろう。だんだんふしぎな気持ちになって、読み始めました。

この本にはたくさんの不合格犬が出てきます。ゼナ、ベンジー、ラタン、オレンジその他にも、まだまだたくさんの犬がいます。中でも一番心に残った犬は、ベンジーです。ベンジーは、パピトウォーカーに育てられている時から、飼い主の子どもにとびついたり、食事の時に家族が近づくとうなったりするこうげき的な性格をもつ犬でした。訓練所でその性格を直そうと訓練している時に、いじめにあって不登校になってしまったさとみさんと出会います。さとみさんのしぼんでしまった心が、ベンジーといっしょに生活しているうちに、どんどん元気になっていきます。そしてベンジーもこうげき的な性格がかわっていきました。さとみさんの心を、死のうとしていた命をベンジーが救ったのです。目の不自由な人を助けることはできなかったベンジーだけど、心がきずついた人をりっぱに救うことができたので

す。不合かく犬のことを不てき格犬とよぶ意味がやっとわかりました。目の不自由な人のために働くことにはむかなかったけど、さとみさんの心を救うというベンジーにしかできないことを見つけることができたからです。たくさんの子犬を盲導犬に育てたパットも、ちがう訓練にチャレンジして介助犬になったオレンジも、みんな自分にてきしたことが他にある犬達だったのです。

不合かく犬たちは、決してだめ犬なんかじゃありません。盲導犬にはてきしていなかったけど、ちがうよさをたくさんたくさんもった犬達です。すごいぞ、不合かく犬。私は、うれしくなって、心の中でさけんでいました。その時、ベンジーの声が聞こえてきたような気がしました。

「結衣子ちゃんのいい所は何？　きっとたくさんあるはずだよ。」

私のいい所って何だろう。本当にあるのかなあ。自信はないけれど、私のいい所を見つけてみようかなと思えるようになってきました。一つがだめでも、他にいい所があるかもしれない。あの不合かく犬たちのように、私には私のよさがあり、私にあうことがあるはずです。私は失格なんかじゃないぞ。そう思ったら、何だかぐぐっと力がわいてきました。

『盲導犬不合格物語』
沢田俊子・文
（学習研究社）

本を読んで、今までまったく気づかなかったことに気づかされ、自分自身《じしん》を変《か》えていくチャンスになります。

森さんは〝がっかり病《びょう》〟にかかっていました。

自分が失格《しっかく》だと思ってしまうのです。

けれど、盲導犬不合格《もうどうけんふごうかく》でも立派《りっぱ》な仕事《しごと》をしている犬がいることを知ります。

そして、自分は失格《しっかく》なんかじゃないと気づいていきました。

本を読むことによって自分が変《か》わるチャンスに気づいたのです。

この感想文《かんそう》は第《だい》五十回の青少年読書感想文《せいしょうねんどくしょかんそう》全国《ぜんこく》コンクールの内閣総理大臣賞《ないかくそうりだいじんしょう》を受賞《じゅしょう》しました。

4

今まで知らなかったことがわかる

ぼくにできること

愛媛県宇和島市立石応小学校3年
川口　大智

「わたしの住んでる地球、え顔の地球を守りたい。」大きな声で歌いながら、ぼくたちは、うん動会でエコダンスをおどった。ぼくは、いつもエコに気をつけている。買い物をする時はエコマークのノートを買うし、そうじの時は、ぞうきんバケツを使う。電気のつけっぱなしなんてしないし、紙のはし切れだってすてない。だけど、ぼくは、この本を読んで、考え方がかわった。エコは、気をつけるだけじゃだめだ。せかい中によびかけないと。

ぼくは、この本を読むまで知らなかった。ぼくたち人間のせいで、海にしずんでしまうかもしれない国があるなんて。ツバルという国は、海から一メートルの高さしかない。今、せかい中の工場や発電所から出ている二さんかたんそのせいで、地球が温かくなりすぎている。せかいの氷がとけ、海水がふえ、海面が上がっている。その二さんかたんそを出している

のは、人間だ。

ぼくの家の前にも海がある。しおがみちて海が目の前にまで来ることもあるけれど、こわいなんて思ったことがない。いつもは石のかいだんが十だんぐらい見えるのに、三だんぐらいしか見えない時だって、青い魚やくねくねしたタコがいっぱい見えて、とてもワクワクした。けれど、ツバルの子どもたちは海面が高くなるたびに、ふあんでドキドキしている。自分の家が海にしずむなんて。

ツバルは、九つの島でできている小さな国だ。その中のテプカサビリビリという島は、とうとう海の中にしずんでしまった。ぼくの家からも、小高島という小さな島が見える。校歌に出てくる島で、毎年、全校のみんなで貝とりに行く。夜になると、空がにじ色になってとってもきれいな島だ。そんな大切な島がきえてしまうなんて、考えられない。

この本の中に、「あなたの一番大切なものは何ですか」というしつ問があった。日本の子どもたちは、友だちや家族のほかに「バス、新かん線、電車、車、テレビ、ゲーム」と答えた。これらは、全部二さんかたんそが出ると、先生が教えてくれた。同じしつ問に、ツバルの子は、「ツバル、学校、水、人々のつながり、ゆめ」と答えた。その中でも、マルアオは「今より地球がもう少しよくなるというゆめ」と答えた。ツバルの子どもたちは、みんな、自分のことよりも地球のことを考えている。ぼくたちよりもずっと地球思いだ。

本のさい後に、「地球温だんかをふせぐために、ぼくたちにもできる五つのこと」が書いてあった。電気のせつやく、水のせつやく、ごみをへらすこと、注意して買い物すること。でも、これらは、ぼくだって気をつけている。ぼくは、この本を何度も読んでいるうちに、五つ目の「せかいに目を向ける人々をふやすこと」が一番大事なんだとわかった。だから、ぼくは、まわりの大人や友だちに、ぼくが知ったことをどんどん教えようと思う。そして、地球思いのなか間をたくさんふやすんだ。

『地球温暖化、しずみゆく楽園ツバル
〜あなたのたいせつなものはなんですか？〜』
山本敏晴・文・写真
（小学館）

川口君《くん》は自分の住《す》んでいる町とツバルの環境《かんきょう》とを比《くら》べます。

そして、今まで自分が取《と》り組んできたエコの活動《かつどう》をもっと発展《はってん》させることに気づきます。

エコの活動《かつどう》で一番大切なのは「世界《せかい》に目を向《む》ける人をふやす」こと。

読書することによって新しいことを知り、さらに進《すす》んだ立場に立つことができるようになったのです。

この感想《かんそう》文は第《だい》五十五回青少年《せいしょうねん》読書感想《かんそう》文全国《ぜんこく》コンクールの内閣総理《ないかくそうり》大臣《だいじん》賞《しょう》を受賞《じゅしょう》しました。

楽しい本を選《えら》ぶには

読書感《かん》想《そう》文を書くためには感《かん》想《そう》文の素《もと》になる本を読まなければなりません。
そこで、どのような本に出会うかが大切になってきます。
本であればなんでも良《よ》いというわけではありません。
読む人の気《き》持《も》ちをひきつけるような本を選《えら》ばなければなりません。
本を読むのが苦《に》手《がて》と言う人は、たいていまだ、
ほんとうにおもしろい本に出会っていないのです。
そこで、自分に合った楽しい本を選《えら》ぶ方《ほう》法《ほう》をお話いたします。

1 自分のことをよく知っている人に聞く

両親《りょうしん》、きょうだい、担任《たんにん》の先生、親《した》しい友だちなどです。

ナナミさんはまずお母《かあ》さんにどんな本がおもしろかったか聞いてみました。

4年生のときに読んだ『魔《ま》女《じょ》の宅《たっ》急《きゅう》便《びん》』（福音館書店《ふくいんかんしょてん》）だそうです。

お父《とう》さんはしばらく考えて『龍《たつ》の子太《た》郎《ろう》』（講談社《こうだんしゃ》）だなと答えました。

お姉《ねえ》さんは『ルドルフとイッパイアッテナ』（講談社《こうだんしゃ》）だそうです。

今もときどき読んでいるそうです。

担任《たんにん》の窪田《くぼた》先生は、

「あなたは動物《どうぶつ》好《ず》きだから『ピトゥスの動物園《どうぶつえん》』（あすなろ書房《しょぼう》）という物語《ものがたり》がいいわよ。きっと気に入ると思うわ」

と言って本を貸《か》してくれました。

お友だちのマヤさんは『車のいろは空のいろ』（ポプラ社）と答えました。

この本はナナミさんもお気に入りで二人でしばらく本の話で夢中《むちゅう》になりました。

そして茂市久美子《しげいちくみこ》さんの『まじょのめざまし』や『にこりん村のふしぎな郵便《ゆうびん》』（以上ポプラ社）がおもしろいと教えてくれました。


ここで本について身近《みぢか》な人に教えてもらうコツがあります。

●年上の人に聞く場合は具体的《ぐたいてき》に聞く。
「3・4年のときに読んだ本で楽しかったものを教えてください」
●友だちから聞く場合はふだんからたくさん本を読んでいる人をねらう。本好《ず》きの人は自分が読んだ本について話したくてうずうずしている。
●家の人に聞く場合はあまりあてにしない。お父《とう》さんやお母《かあ》さんが必《かなら》ずしも本を読んでいるとは限《かぎ》らない。答えてくれなくてもがっかりしない。あまりしつこく聞くとおこりだす。

2 図《と》書《しょ》館《かん》に行こう

おもしろい本を教えてもらっても手に入れることができないと読むことができません。

そこで図《と》書《しょ》館《かん》に行ってみましょう。

図《と》書《しょ》館《かん》には公立《こうりつ》の図《と》書《しょ》館《かん》と学校図《と》書《しょ》館《かん》があります。図《と》書《しょ》館《かん》には本の専門家《せんもんか》がいるのでなんでも相談《そうだん》にのってくれます。

お父《とう》さんやお母《かあ》さんお姉《ねえ》さんが教えてくれた本は書名がわかっているのですぐに見つけることができます。

たいてい、本を探《さが》すためのコンピュータが備《そな》え付《つ》けてあるので、それでも探《さが》すことができます。

本の名前がわからなくても内容《ないよう》を言えば探《さが》してくれます。

たとえば、「読書感想文《かんそう》を書きたいのですが、何かいい本ありますか?」とたずねると、

「感想《かんそう》を書きやすい感動的《かんどうてき》な本がいいわね…」と言って紹介《しょうかい》してくれるはずです。

ナナミさんはティラノサウルスシリーズのほかの本と『だれもしらない』(あかね書房《しょぼう》)、「れいぞうこのなつやすみ」(PHP研究所)、「空のてっぺん銀《ぎん》色の風」(小《こ》峰《みね》書店)を紹介《しょうかい》してもらいました。

3 本の選《えら》び方・買い方

自分で本を選《えら》んだり買ったりすることがあると思います。

まったく本についての知識《ちしき》がないときに、どのようにして本を選《えら》んだらいいか

お話します。

●表紙《ひょうし》を見る

表紙《ひょうし》には本の名前や文や絵を描《えが》いた人、出版社《しゅっぱんしゃ》、値段《ねだん》などが書いてあります。

・本の名前からその本にどんなことが書いてあるか、おおよその内容《ないよう》を知ることができます。

・文や絵を書いた人については、もし、自分がすでにその人の書いた本を読んでいれば大体自分に向《む》いているかどうかわかります。

・出版社《しゅっぱんしゃ》はその会社が子どもの本をたくさん出しているかとか、今まで自分が読んだ本を出版《しゅっぱん》していた会社であるかどうかがわかり、本を選《えら》ぶ参考《さんこう》になります。

●カバーやおび（カバーにまいてあります）を見る

・おびには短《みじか》い文ですが、本の内容《ないよう》がわかるように紹介《しょうかい》してあります。また、作者《さくしゃ》の一番言いたいことが書いてあります。

● もくじ、まえがき、あとがきを見る

・もくじは、その本の内容《ないよう》を項目順《こうもくじゅん》に並《なら》べて、書かれているページをしめしています。

・とくに知識《ちしき》の本では、内容《ないよう》を知るのにべんりです。

・また、物語《ものがたり》の本でも大まかな筋《すじ》をつかむことができます。

・まえがきとあとがきはついていない本もありますが、作者《さくしゃ》がその本を書いた目的《もくてき》や願《ねが》いなどを表《あらわ》しているので、その本が自分の読みたい本であるかどうかがわかります。

● 文章《ぶんしょう》の量《りょう》、文字《もじ》の大きさ、さし絵、写真《しゃしん》を見る

・文章《ぶんしょう》の量《りょう》と文字《もじ》の大きさは自分の力で読めるかどうかの目安《めやす》になります。

・さし絵からは話の内容《ないよう》や登場《とうじょう》人物《じんぶつ》をとらえることができます。
・写真《しゃしん》はとくに知識《ちしき》の本などで文章《ぶんしょう》でわかりにくいところをおぎなってくれます。

じっさいに書いてみよう

ナナミさんのクラスの人たちに『であえて　ほんとに　よかった』の読書感想《かんそう》文を書いてもらいました。

そこで感想《かんそう》文を書くために大切なことを友だちの書いた文を例にしてお話します。

1 書き出しの工夫《くふう》

作文や読書感想《かんそう》文を書くときになやむのは一番最初《さいしょ》になにを書くかということです。

それさえ決《き》まれば後《あと》はすらすらと書けます。

●本を読んだ感動《かんどう》から書く。
ティラノサウルスがはなれた島《しま》に戻《もど》って、赤い実《み》のなる木をへしおり、また戻《もど》ろうとしたとき……。

●本を読んだきっかけから書く。
読書の時間にこの本を読んでくれました。ぼくは最初《さいしょ》は絵本だと思って熱心《ねっしん》に聞いていませんでした。

●本を読んで自分も同じような経験《けいけん》をしたことがあったら、そのことから書く。
スピノサウルスはぼくにそっくりです。だれかに何か強《つよ》く言われたりするとメソメソしてしまうからです。

●会話から書き始《はじ》める。

「この本おもしろいわよ」

と言ってサユミさんが同じティラノサウルスが主人公《しゅじんこう》の本を貸《か》してくれました。

●自分が疑問《ぎもん》に思ったことから書き始《はじ》める。

あんなにらんぼう者《もの》だったティラノサウルスがどうしてやさしくなったのかわかりませんでした。

●本を読んで一番心に残《のこ》った場面《ばめん》の文章《ぶんしょう》を使《つか》って書く。

「おれのことはいいから、はやくいくんだ…。おれなあ、おまえにであえてよかった…」ぼくはこの場面《ばめん》を読むとウルウルしてしまいます。

書き出しがあれば結《むす》びがあります。

だいたい、結《むす》びは書き出しの文章《ぶんしょう》と関係《かんけい》してきます。

あとでふれてみたいと思います。

2 文の組み立て

いよいよ感想《かんそう》文を書く前に、今までメモしたりマークをつけたりしてきた材《ざい》料《りょう》をもとに「文の組み立て表《ひょう》」を作るとよいと思います。

これは作文を書くときなどにも書いたことがあると思います。

何かを作るときの設計《せっけい》図のようなものです。

そこでナナミさんが書いた「文の組み立て表《ひょう》」を見てみましょう。

文の組み立て表

	なにについて	内容
題名	ほんとうの友だち	
いちばんかきたいこと	自分の命をかけてまで赤い実のなる木をとりにもどったティラノサウルスのやさしさ	
はじめ	ぎもんにおもったことから書きはじめる	きらわれ者でらんぼうなティラノサウルスがなぜやさしくなったのか知りたかった
なか	・自分のまわりの人のこと	・私は二年の時のS君のことを思い出しました。すごくらんぼうだったけれど時々やさしくしてくれた

	おわり
・ティラノサウルスの性かく ・ティラノサウルスの気持ちがかわる	出あえてよかった
・いばっているように見えるけれどほんとうは弱むし。およげないとかなしそうにつぶやく ・メソメソが病気のお母さんのために赤い実をとりにきたと聞いたとき ・ティラノサウルスがなにかするたびにメソメソがおどろいてくれ、みとめてもらえてうれしい	今までひとりぼっちでさびしいティラノサウルスがほんとうの友だちにあうことができた…… 私もティラノサウルスに会えてうれしい

ここまでできれば読書感想《かんそう》文は80パーセントは完成《かんせい》です。

3 題名《だいめい》のつけ方と結《むす》びの工夫《くふう》

本の選《えら》び方のところで「本の名前からその本にどんな内容《ないよう》のことが書いてあるかがわかる」と述《の》べましたが読書感想《かんそう》文でも同じです。

自分が言いたいことをズバリと題名《だいめい》によってあらわします。

読書感想《かんそう》文では「○○の本を読んで」という題《だい》が多く見られます。確《たし》かにこれは感想《かんそう》文だとわかりますが、できればそれぞれの個性的《こせいてき》な題《だい》を考えてみてください。

ナナミさんは「ほんとうの友だち」という題《だい》をつけました。

「飛《と》べ、ティラノサウルス」「ぼくも出会えてよかった」「ほんとうのやさしさ」

など、クラスの人たちも工夫《くふう》した題名《だいめい》をつけていました。

結《むす》びの文章《ぶんしょう》は前にもちょっとふれましたが、たいてい、書き出しの文章《ぶんしょう》と関係《かんけい》してきます。

全体《ぜんたい》のまとめの意味《いみ》があるからです。

ナナミさんは、

「ティラノサウルスがメソメソのために赤い実《み》のなる木を取《と》りにもどったのは、本当の友だちに出会えたからだと思います。わたしもティラノサウルスに会えて本当に良《よ》かった。」

結《むす》びの文も書き出しの文と同じように、自分の考えを読む人に強《つよ》くうったえる力を持《も》っています。けれど、力が入りすぎてよけいなことを書いてしまうことがあります。

「がんばって生きていきたいと思います。」

「いつも勇気《ゆうき》を持《も》って生き抜《ぬ》いていきたい。」

「夢《ゆめ》を持《も》ち続《つづ》け愛《あい》の心を失《うしな》わず懸命《けんめい》に努力《どりょく》を続《つづ》けたい。」

など、ことばにしてみると確《たし》かに立派《りっぱ》だと思うけれど、ことばが空回《からまわ》りしてしまうおそれがあります。

もっと自《し》然《ぜん》な気《き》持《もち》ちを素直《すなお》にあらわすほうがよいと思います。

まとめを力んで書いたためにせっかくの文章《ぶんしょう》を損《そこ》なうこともあるのです。

4 じょうずな感想《かんそう》文よりも良《よ》い感想《かんそう》文をめざそう

「読書感想《かんそう》文を書きましょう」
と言うと
「なん枚《まい》書くの」

という質問《しつもん》が返《かえ》ってきます。

また、本を読んだ感想《かんそう》を書くのだからじょうずに書かなければならないときばってしまう人もいます。

そしてふだんあまり使《つか》ったこともないようなむずかしいことばを書いている文も見かけます。

読書感想《かんそう》文はなん枚《まい》書くという決《き》まりはありません（コンクールなどの応募《おうぼ》には3枚以内《まいいない》という制限《せいげん》はあります）。

じょうずに書こうと思わなくてもいいのです。

じょうずな感想《かんそう》文よりも良《よ》い感想《かんそう》文を書きましょう。良《よ》い感想《かんそう》文とは本を読んで感《かん》じたことを自分のことばで書くのです。

これまでは具体的《ぐたいてき》な例《れい》にしたがって「読書感想《かんそう》文の書き方」について述《の》べてきましたが、一般的《いっぱんてき》な良《よ》い感想《かんそう》文を書くためのポイントを述《の》べておきます。

また、お友だちが書いた感想《かんそう》文を参考《さんこう》になるように
のせたので、読んでみてください。

(1) 自分と、作者や主人公の生きかたを比《くら》べてみる

「十歳の私へのおくり物」
(第五十四回青少年《せいしょうねん》読書感想《かんそう》文全国《ぜんこく》コンクール毎日新聞社賞《しょう》)
千葉県成田市成田高等学校付属小学校四年　重吉　彩乃
対象図書　日野原重明《ひのはらしげあき》「十歳《さい》のきみへ――九十五歳《さい》のわたしから」(冨山房《ふざんぼう》インターナショナル)

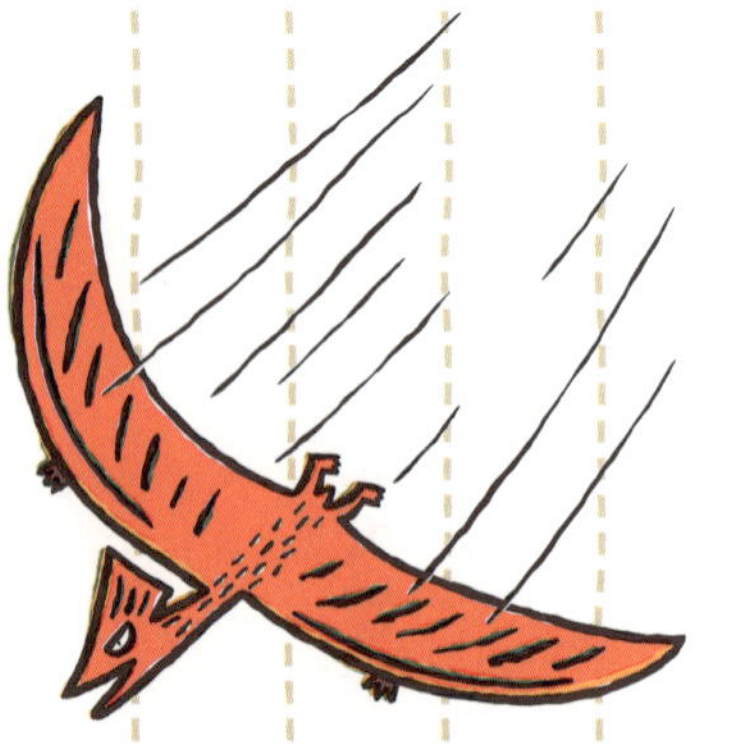

「ぼくの大すきなケニアの村　わたしが大すきな細田の町」
(第五十四回青少年《せいしょうねん》読書感想《かんそう》文全国《ぜんこく》コンクール文部科学大臣奨励賞《もんぶかがくだいじんしょうれいしょう》)
東京都葛飾区立細田小学校四年　山下　朝香
対象図書　ケリー・クネイン　アナ・ファン・絵　小島希里・訳「ぼくのだいすきなケニアの村」(BL出版《しゅっぱん》)

(2)自分の経験したことを読んだ本と関連させて感想《かんそう》の中に入れる

「知恵とわざがつまった干し柿」

(第五十三回青《せい》少《しょう》年《ねん》読書感《かん》想《そう》文全《ぜん》国《こく》コンクール毎日新聞社賞《しょう》)

秋田県横手市立旭小学校四年　辻田　真子

対象図書　西村《にしむら》豊《ゆたか》「干し柿」(あかね書房《しょぼう》)

(3)その本一冊だけでなく、同じ作者の作品や同じような内容の本と比《くら》べてみる

「『あらしのよるに』を読んで」

(第五十三回青《せい》少《しょう》年《ねん》読書感《かん》想《そう》文全《ぜん》国《こく》コンクールサントリー奨励賞《しょうれいしょう》)

佐賀県唐津市立田野小学校四年　吉田　斗武

対象図書　きむらゆういち「あらしのよるに」(小学館《しょうがくかん》)

(4)絵についても感想《かんそう》を書いてみる

「モネさん教えて」

（第四十回青少年《せいしょうねん》読書感想《かんそう》文全国《ぜんこく》コンクール毎日新聞社賞《しょう》）

神奈川県大和市立大和小学校四年　岡本　美穂

対象図書　結城昌子《ゆうきまさこ》『モネの絵本　太陽とおいかけっこ』（小学館《しょうがくかん》）

(5)いろいろな書き方で書いてみる（手紙、語りかけるなど）

「バリアのない町へ」

（第五十三回青少年《せいしょうねん》読書感想《かんそう》文全国《ぜんこく》コンクール全国《ぜんこく》学校図書館協議会長賞《とショかんきょうぎしょう》）

山口市立大歳小学校三年　河内　誠志郎

対象図書　財団法人《ざいだんほうじん》共用品推進機構《すいしんきこう》　松井智「バリアフリーを考えよう」（ポプラ社）

(6) よい感想《かんそう》文をたくさん読んで参考にする

「ことわざで勝負《しょうぶ》」

(第四十二回青少年《せいしょうねん》読書感想《かんそう》文全国《ぜんこく》コンクール全国《ぜんこく》学校図書館協議《としょかんきょうぎ》会長賞《しょう》)

愛知県知多郡東浦町立緒川小学校三年　津川　将輝

対象図書　五味太郎《ごみたろう》『ことわざ絵本』(岩崎書店《いわさきしょてん》)

「『犬ぞりの少年』から教わったこと」

(第五十一青少年《せいしょうねん》読書感想《かんそう》文全国《ぜんこく》コンクール内閣総理大臣賞《ないかくそうりだいじんしょう》)

千葉県市川市立中山小学校三年　遠松　和樹

対象図書　J・R・ガーディナー　久米穣《くめみのる》・訳　かみやしん・絵「犬ぞりの少年」(文研出版《ぶんけんしゅっぱん》)

「ダンゴムシはだんご好き?」

(第五十二回青少年《せいしょうねん》読書感想《かんそう》文全国《ぜんこく》コンクール入選作品《にゅうせんさくひん》)

東京都江戸川区立第三葛西小学校三年　橋田　一輝

対象図書　谷本雄治《たにもとゆうじ》　こぐれけんじろう・絵「ダンゴムシはだんご好き?」
（文渓堂《ぶんけいどう》）

「やさしい心」

（第五十三回青少年《せいしょうねん》読書感想文全国《かんそうぶんぜんこく》コンクール内閣総理大臣賞《ないかくそうりだいじんしょう》）

徳島県那賀郡那賀町立鷲敷小学校四年　村上　友理

対象図書　サバスティア・スリバス　宇野和美・訳　スギヤマカナヨ・絵「ピトゥスの動物園《どうぶつえん》」（あすなろ書房《しょぼう》）

「『しあわせの子犬たち』を読んで」

（第五十五回青少年《せいしょうねん》読書感想文全国《かんそうぶんぜんこく》コンクール文部科学大臣奨励賞《もんぶかがくだいじんしょうれいしょう》）

岐阜県大垣市立中川小学校四年　藤田　ひかる

対象図書『しあわせの子犬たち』メアリー・ラバット・作　若林千鶴《わかばやしちづる》・訳
むかいながまさ・絵（文研出版《ぶんけんしゅっぱん》）

5 ぜったいに書いてはいけない感想《かんそう》文

読書感想《かんそう》文は本を読んで感想《かんそう》があればどんなことを書いても良《よ》いのですがぜったいにやってはいけないことがあります。

●他人《たにん》の感想《かんそう》文をそのままうつす。

良《よ》い感想《かんそう》文を読んで書き方の参考《さんこう》にすることは良《よ》いのですが、それをそっくりそのまま写《うつ》してしまうのは許《ゆる》されません。盗作《とうさく》とか剽窃《ひょうせつ》といって盗《ぬす》みをするのと同じです。

●他人《たにん》の文章《ぶんしょう》を使《つか》いたいと思ったとき。

作品《さくひん》を読んでまえがき、本文、解説《かいせつ》、あとがきなどの文章《ぶんしょう》をそのまま使《つか》いたいときもあります。

その場合には『　』をつけたりして引用《いんよう》（他人《たにん》の文章《ぶんしょう》をそのまま使《つか》うこと）した

ことがわかるようにしておきます。

●人を差別《さべつ》する内容《ないよう》や、差別《さべつ》するようなことばは使《つか》わない。

とくに、お友だちのことを書いたりするときには本人の了解《りょうかい》を得《え》ることも必要《ひつよう》です。

友だちの読書感《かん》想《そう》文を読んでみよう

1 自分と、作者《さくしゃ》や主人公《しゅじんこう》の生き方を比《くら》べてみる

『十歳《さい》のきみへ――九十五歳《さい》のわたしから』

いのちとは家族《かぞく》とは人間とは――若《わか》いきみたちに託《たく》したいこと。
はじめての子ども向けメッセージ。

詩《し》／ぼくが十歳《さい》だった時のこと
1 寿命《じゅみょう》ってなに？
2 人間はすごい
3 十歳《さい》だったころのわたし
4 家族《かぞく》のなかで育《はぐく》まれるもの
5 きみに託《たく》したいこと

（冨山房インターナショナル）

日野原重明

1911年、山口県生まれ。京都大学医学部卒業。聖路加国際病院理事長。患者参加の医療や医療改革に向けての提言、医師になって69年になるいまも患者さんのからだと心の声に耳をかたむけている。

会話文から書き出している。

会話文の中に、自分が一番書きたいことがこめられている。

親と子のあたたかいやりとりが読む人をひきつける。


「十歳の私へのおくり物」

千葉県成田市　成田高等学校付属小学校

四年　重吉　彩乃

「ねえママ、じゅ命ってなんだかわかる。」

「人が生きていられる命の長さのことでしょ。」

当り前のようにお母さんが言った。そこで私はちょっぴり得意そうに胸をはって言った。

「あのね、じゅ命は私達に与えられた時間の事で、生きた分へっていくんじゃなくて、じゅ命という大きないれ物に精一杯生きたことをつめこんでいくことなんだって。」

「へえーっ。彩ちゃんすごい。」お母さんは、あとどのくらい生きられるのかなあってたま

2 まず、読んで感じたことや、作者に対する印象《いんしょう》を書いている。

に思うことがあるけど、今生きているそのしゅん間をどんどん積み重ねていくことなんだね。彩ちゃんに大切なこと教わったなあ。」

お母さんの顔が急に真けんになったので、私はちょっとおどろいてしまった。

私は、今年の五月に十歳になった。日野原先生の事は、テレビや新聞で紹介されていたので前から知っていた。(2) この本を読んでいると、まるで先生が私の目の前でゆっくりと語りかけてくれているような気がしてくる。九十五歳の日野原先生は、今も毎日たくさんのかん者さんをしんさつしているお医者さん。

3

さらに深く読んで自分が今まで気がつかなかったことや、あらためて考えたことについて書く。

また、作者が伝えたいと思っているメッセージを、自分の考えたことと重ねて書く。


すごい先生だなあ。会ってみたいな。

残念なことに自分の命を無だにしている人がいる。その一方で、もっと生きたいのに病気や事故で死んでしまう人もいる。正直言って、今までの私は、命の事について真剣に考えた事はあまりなかった。毎日、朝昼夜がふつうにやってきて、学校に行って勉強や遊び習い事などであっという間に一日が終わり、そのくり返しをすごしていた。あらためて命について考えなかったのは、私自身が今すぐ命の事を心配する必要がなかったからかもしれない。でもこの考え方は違う事に気づいた。私が生まれてきたことはそれだけできせきだという事。毎日を家族と一緒に元気にすごせ

4
作者のことばを本の中から引用《いんよう》している。カギかっこでその部分を示している。

るのはとてもすばらしいことで、そのひとつひとつのどんな一しゅんの時間にも、私の大切な命をふきこんでいるんだという事を教わった。本の中にこんな言葉がのっていた。

「いのちに、齢を加えるのではなく、齢に、いのちを注ぐようにしなさい。」

私は、この言葉にハッとした。今その時どきの年齢に一生けん命に命を注ぎながら生きなさいということ。注がれた命は、どんどん私の中にたまっていき、将来たくさんの人や社会に役立つ人間になるための大切な宝物になっていく。今、十歳の私はこれからいろいろ経験をして知恵をつけていかなければいけない。ひとつずつのりこえながら頑張ろう。

5 本を読むことによってこれから、やるべきことをすなおに書く。おおげさに書くと感想文全体をそこなってしまう。

それから、日野原先生が私達にたのんだ事、世界中から争いをなくして平和な世界をつくるという事に私も取り組んでいこうと思った。争い事をなくすためには、「ゆるす」という勇気を持つことだと先生は言っている。おこっている時に相手をゆるすなんてちょっといやだなあと思うけど、その勇気を出す努力をしよう。そして、生きていることに感謝しながら毎日をむだなくすごし、平和で豊かな世界になるように努力していきたいと思った。

（第《だい》五十四回青少年《せいしょうねん》読書感想《かんそう》文全国《ぜんこく》コンクール毎日新聞社賞《しょう》）

『ぼくのだいすきなケニアの村』

こんなお話です

お母《かあ》さんの小屋《こや》に行って「ホジ？（だれかいる？）」ときいたら、「カリブ！（おはいり！）」と元気な声がかえってきました。ケニアのあいさつのことばです。さあ、一日のはじまりです。生活の仕《し》方《かた》や習慣《しゅうかん》はちがっても、国はちがっても感《かん》じる気《き》持《も》ちはどこも同じです。ケニアの村に暮《く》らす少年《しょうねん》の一日が、きれいな絵とともに描《えが》かれています。

（BL出版）

ケリー・クネイン◉文

長年アフリカに暮らしていたが、現在は、アメリカ合衆国メイン州在住。『ぼくのだいすきなケニアの村』が第一作目の絵本作品。

アナ・ファン◉絵

スペインのバレンシアに生まれる。バレンシアの美術学校を卒業後、雑誌「ニューヨーカー」の表紙、ポスターなど、幅広い分野で活躍する。ニューヨーク、マドリード、バルセロナ、ジュネーブなど世界各地で展覧会も多数開催。絵本の第一作目となる、画家のフリーダ・カーロを描いた『Frida』は絶賛をもって迎えられた。

小島希里◉訳

自分の体験したことを語りながら、本と出合ったきっかけについて書いている。
読む人を「おやっ」と思わせるような効果がある。

ぼくの大すきなケニアの村
わたしが大すきな細田の町
東京都葛飾区立細田小学校
四年　山下　朝香

わたしたち細田小学校の四年生は、運動会で「手をつなごう　世界のなかま」という表現をやりました。世界中の子どもたちがなかよくオリンピックに集まっている様子を表現しました。私は一輪車グループになり、いろんな国の子どもたちと手をつなぎ10人で大風車を成功させました。その時、とても感動したので、この夏の自由研究を、世界の国旗調べにしました。オリンピックもはじまりました。そんな時、この本に出会ったので、私は

2

まず、ケニアの村と自分の住む細田の町とのちがいについて書いている。具体的なことがらをあげて比べることが大切。

とても興味をもって、ドキドキしながら読みはじめました。ケニアは、男子マラソンで金メダルをとったワンジル選手の国だったからです。

わたしは、「ぼくがだいすきなケニアの村」をあっという間に読んでしまいました。もう

一度、次はゆっくりとぼくの村ケニアとわたしの住んでいる細田を比べながら読みました。なぜなら、わたしも自分の住んでいる細田の町が大すきだからです。ケニアと細田の違いは、ケニアは動物がいっぱいで、人間たちのすぐ近くにもいるということです。サル・牛

3 「次に」ということばで話題を変えていることがわかり、言いたいことが整理《せいり》されている。

4 ケニアと細田の同じところを示している。自分の体験したことなども述べながら具体的なことにふれている。

・にわとり・フンコロガシなどの小さな昆虫
・村長さんはライオンがりにも行ったことがあったことがあるそうです。こんなに動物たちが身近に、いるなんて、すごくうらやましいです。この本の動物たちは、色もとてもきれいで生き生きとしていて見ているだけで幸せな気持ちになります。わたしは、動物がすきです。でも、細田の町では、マンションなので犬もネコもかうことができません。わたしはケニアのぼくがうらやましいです。
　3次に、4ケニアの村と細田の町の同じところを、さがしてみました。朝、おかあさんの作ったごはんをおいしそうに食べる所はいっしょです。おばあちゃんに大事にしてもらうと

5

引用《いんよう》している文章には必ず「」（カギかっこ）をつけておく。

ころも同じです。わたしは、この夏休みに、おばあちゃんにつるしびなの作り方を教わりました。針を使って、うさぎやお手玉などをつくりました。ケニアのぼくが来たら日本にもこんなすてきなものがあるよとじまんしたいです。それから友達と遊ぶ所も細田と同じです。私も友達と遊ぶ事が一番楽しいです。どこの国の子どもにとっても遊ぶことが一番楽しいのだと思います。でもこの本の最初に、『子ども時代をうばわれてしまったアフリカの子どもたちに』と書いてありました。わたしは、ユニセフで学んだことを思い出しました。アフリカでは貧しさや戦いのためたくさんの子どもが病気になったり、死んでしまっ

6 まとめはなるべくサラリと書いておく。

たりしているそうです。わたしは、自分の住んでいる、細田の町が大すきです。アフリカの子どもたちみんなにも、自分の住んでいる所が大すきになって幸せになってほしいです。いろんな国の子どもたちが集まって、自分の住んでいる所は、こんなにすてきだよとしょうかいできればいいなと思います。これからも世界調べをつづけて、どこの国の子どもたちも幸せになれる方法を考えていきたいです。

（第《だい》五十四回青少年《せいしょうねん》読書感想《かんそう》文全国《ぜんこく》コンクール文部《もんぶ》科学大臣《だいじん》奨励賞《しょうれいしょう》）

2 自分の経《けい》験《けん》したことを読んだ本と関《かん》連《れん》させて感《かん》想《そう》の中に入れる

『干《ほ》し柿《がき》』

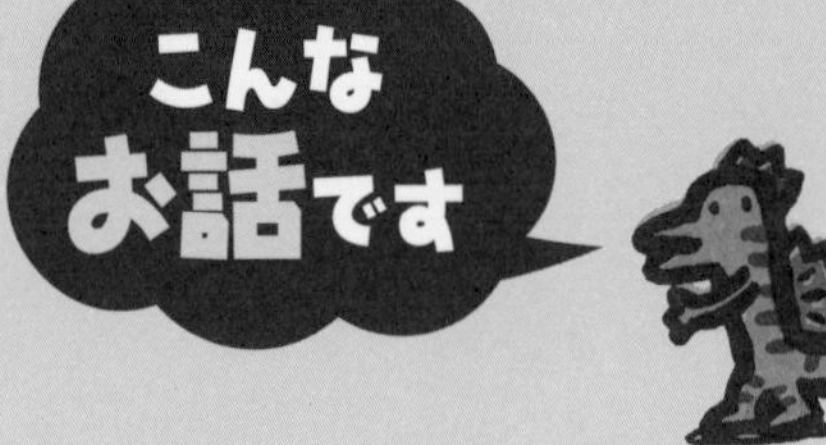

干《ほ》し柿《がき》を食べたことがありますか。作り方は知っていますか? もともとはしぶい柿《かき》だったものがどうやって甘《あま》くできるのでしょう。今ではあまり見かけなくなったけれど、昔《むかし》から伝えられてきた伝統食《でんとうしょく》、干《ほ》し柿《がき》づくりを、美《うつく》しく迫力《はくりょく》ある写真《しゃしん》と一緒《いっしょ》に紹介《しょうかい》しています。これら干《ほ》し柿《がき》づくりの写真《しゃしん》を、写真家《しゃしんか》の西村《にしむら》豊《ゆたか》さんは、4年以上《いじょう》の歳月《さいげつ》をかけて撮《と》り続《つづ》けたといいます。

（あかね書房）

西村豊◉写真・文

1949年京都府生まれ。自然写真家として活躍。㈳JPS・日本写真家協会会員。著書に『ヤマネのくらし』『ヤマネ日記』など。

1

題名が工夫されている。自分が書きたいと思っていることが、ズバリと示されている。

2

本を読んで自分も同じような経験をしたことから書き始めている。

知恵とわざがつまった干し柿

秋田県横手市立旭小学校

四年　辻田　真子

　私のおばあちゃんの家のうらには、三十年前に植えた大きな柿の木があります。毎年、秋になると百個以上の実をつけるので、おじいちゃんとお父さんが柿をもぎ、おばあちゃんが干し柿やさし柿にして、近所や知り合いの家におすそわけをします。毎年、行われてきたことなので、この本を読んでいると、

「そうそう。そうなんだよね。」

と心の中でうなずいて読むことができました。そして、今まではなにげなく見てきた干し柿づくりに発見することがたくさんありま

3 本を読んだ感想《かんそう》についてあれもこれも書かないで、まとをしぼって書いている。
辻田さんは「発見」したことを順序よく述べている。

4 一つ目の発見は、すべて人の手で行われていること。

した。

一つ目の発見は、すべて、人の手で行われることです。柿をもぐこと、皮をむくこと、なわで結ぶこと、指でもむこと、つるすことすべて、機械で行わず、人の手で行っていました。この本の写真のおばあちゃんの手も私のおばあちゃんの手も同じでした。しわしわだけれど、上手に柿をほうちょうでむいて、糸やなわであみあげることができるのです。おばあちゃんのやり方を見ているととてもかんたんそうですが、やってみると皮もむけないし、糸もすぐとれてしまったことを思い出

5 二つ目の発見は、昔から伝えられてきた知恵。

しました。毎年やらないと身につかない「わざ」があると思いました。

二つ目の発見は、昔から伝えられてきた知恵です。干すことによってしぶ柿があまいおかしのようなものに変身します。柿は、太陽の力、風の力、いろいろな自ぜんの力を受けて、だんだん小さくなり、しぶみがぬけて、あまくなるそうです。おばあちゃんの家では大根ものき下につるし、干した大根をおいしいつけものに変身させます。また、今年のキャンプで行った海岸ぞいに、いかがきれいに干されていました。一夜干しのいかは、とてもおいしいし、生ものよりも悪くならないと言っていました。「干す」ということは、昔の

6 三つ目の発見は、干《ほ》している柿がとてもきれいだということ。このように、一つ目、二つ目というようにまず、いいたいことをズバリと書いて、具体的に例をあげていくと、読む人は理解しやすい。

人が発見したすばらしい知恵であることがわかりました。

　三つ目の発見は、干している柿がとてもきれいだということです。柿を干すと一面が柿色のカーテンのようになり、太陽の光をあびて、かがやいていました。太陽の光でもっとあたたかい柿色になるように思えました。

　最後のページの柿の木に残された一つの柿も「いいなあ」と思いました。かんしゃのしるしとまた次の年もたくさん実るようというおまじないといわれているそうです。全部もぎ取らないところにやさしさやあたたかさがあると思いました。

　おばあちゃんが今まで毎年、がんばってい

た干し柿づくりにたくさんの知恵とわざがあったことがよくわかりました。おばあちゃんの干し柿は、「ふくふくしていておいしい。」とひょうばんがいいです。ふくふくと仕上がるのは、おばあちゃんが一つ一つ、ていねいに指でよくもんでくれていたからです。

うらの柿の木を見たら、もう、小さな柿が実っていました。今年は、私もおばあちゃんに習って知恵とわざがぎゅっとつまった干し柿づくりにチャレンジしたいです。

（第《だい》五十三回青少年《せいしょうねん》読書感想《かんそう》文全国《ぜんこく》コンクール毎日新聞社賞《しょう》）

3 その一冊《さつ》だけでなく同じ作者《さくしゃ》の作品《さくひん》や同じような内容《ないよう》の本と比《くら》べてみる

こんなお話です

『あらしのよるに』

オオカミのガブとヤギのメイはあらしのよるに真《ま》っ暗《くら》な小屋《こや》の中で出会います。声だけを頼《たよ》りにして、二匹《ひき》は互《たが》いがオオカミあるいはヤギと知らないで、仲《なか》がよくなっていきます。

でも、オオカミとヤギというお互《たが》いが「食うものと、食われるもの」だということを知った、ガブとメイは……。

（小学館）

きむらゆういち

東京都生まれ。多摩美術大学卒業。絵本・童話作家。絵本『あらしのよるに』で講談社出版文化賞絵本賞、産経児童出版文化賞、JR賞受賞。著書は500冊以上にのぼる。

1

本に出合い、本を読むきっかけから書いている。
この感想《かんそう》文の場合は以前に読んだものの続きを読んでいて、その期待している気持ちも書いている。

「あらしのよるに」を読んで

佐賀県唐津市立田野小学校

四年　吉田　斗武

　ぼくは、まだ小さいころ、ガブとメイに出会った。暗やみの中、オオカミとヤギがどんどん仲よくなっていく。そして「あらしのよるに」を合い言葉に、また会う約束をする。絵本は、そこで終わっていて、きっと、食べられてしまうんだろうなあと思った。

　そして、ぼくは四年生になった。ぐうぜんぶあつい本になった「あらしのよるに」を見つけた。ぼくは、ドキドキした。どうなるんだろう。早く知りたい気持ちをグッとがまんして、最初から読んだ。夢中で読んだ。

2 続きの物語の中で、主人公に対して自分の想像《そうぞう》していたことを比べたり、自分と似ているところを重ねあわせている。

2 ガブは、ぼくが想像していたガブではなかった。巣から落ちたひなを助けたり、風の歌を口ずさんだりするやさしいオオカミだった。きびしいオオカミの世界では、バカにされる落ちこぼれで「あんたには、がっかりよ。」「やればできるのに。」と、さんざん言われていた。ガブとぼくは、少し似ている。

「四年生だろ、もう少し、しっかりしろ。」

とお父さんにしかられる。サッカーの試合では、いつも失敗して、コーチに注意される。ぼくは、少しは頑張っているつもりだけどなあとため息がでる。のん気でやさしいメイの

3
好きだと思う、かっこいい、など共感することを書いている。

4
印象《いんしょう》に残った場面についても、とりあげて書いていくことも大切。

そばにいると、ホッとするガブの気持ちが、わかるなあと思った。
　ぼくは、どんどん、ガブが好きになった。いつも、メイのことを考えて、命がけで守っている。ガブは、落ちこぼれなんかじゃない。かっこいいと思った。
　ぼくは、特に心に残った場面が二つある。一つは、ガブのとうぼうセットの中から四つ葉のクローバーが出てきた場面だ。ガブがどんなにメイとの友情を大切にしているか、とてもよくわかった。もう一つは、メイに、自分を食べるように言われた場面だ。飢え死にしそうに空腹な時、目の前においしそうなエサがある。だけど、それは、大切な親友。

「鳴るな、鳴るな、鳴るな！」

ガブがおなかをおさえて叫べば叫ぶほど、おなかは、グウーッと音をたてる。涙がポロポロこぼれた。今さらガブにメイを食べられるわけがない。もしも、食べてしまったら、ガブは、きっと気がくるって死んでしまう。苦しいだろうなあ、つらいだろうなあ。ぼくは、

「ガブー。」

と叫びたくなった。

ガブとメイが、最後まで信じ合えたのは、二ひきがたくさん話したからだと思う。ぼくは、上手に話せなくて、時々、友達とけんかをしてしまう。心は、目に見えないから、気

持ちを言葉にして伝えることは、とても大切なことだと思う。ぼくは、ガブを見ならって友達といろんなことを話そうと思う。

いつか、ぼくにもメイのような友達ができるだろうか。そして、ガブのように、命がけで、友達を守れるだろうか。

「だいじょうぶでやんすよ。」[5]
とガブがはげましてくれそうな気がする。

（第《だい》五十三回青少年《せいしょうねん》読書感想《かんそう》文全国《ぜんこく》コンクールサントリー奨励賞《しょうれいしょう》）

5 まとめの一文を、本文から引用《いんよう》して書いていて、たいへん効果的。読む人をなごませるユーモアがある。

4 絵についても感想《かんそう》を書いてみる

こんなお話です

『モネの絵本　太陽《たいよう》とおいかけっこ』

太陽《たいよう》とおいかけっこした画家モネ。どのページにも、お日さまの光がやわらかく変《か》わっていくのを感じることができます。「名画と遊《あそ》ぶ絵本」、著者《ちょしゃ》の結城《ゆうき》さんはこの本も含《ふく》まれているあーとぶっくシリーズをこうよんでいます。名画を鑑賞《かんしょう》するのではなく、名画を体験《たいけん》するという新しいコミュニケーションが生まれる画集《がしゅう》 絵本。『小学館あーとぶっく』シリーズ全《ぜん》13巻《かん》の中の1冊《さつ》。

（小学館）

結城昌子◉構成・文

武蔵野美術大学卒業。アートディレクター、エッセイスト。アートとの新しいコミュニーションを提案する書籍を多数企画、構成、執筆。また国内外の美術館やアート作品にまつわる土地を訪ね歩き、さまざまなメディアに紀行エッセイを発表。『原寸美術館・画家の手もとに迫る』は新しいタイプの画集として話題になった。

1
自分が一番知りたいと持っていることを題名にしている。

2
文を読んだ感想《かんそう》よりも絵を見て感じたことが書かれている。感想《かんそう》文としてはたいへんめずらしい。絵本などでも、絵を中心に感想《かんそう》をかいてもよい。

モネさん教えて

神奈川県大和市立大和小学校
四年　岡本　美穂

光があふれ出しているようなモネの絵を見た時、私の目にやきついたたくさんの色は、何度も私の心の中を、あたたかくしてくれました。

外の日ざしの中で絵をかくのが好きで、年をとってからモネは、目を悪くしたと聞きました。それほど、太陽と仲が良かったのだと思いました。そして、風には風の色。朝には朝の色。たくさんの絵の具から、どうしたら、こんなにすてきな色を生み出せるのか、モネに教えてもらいたいと思いました。

3
感想《かんそう》の中で「好き」ということは大切なことである。それをすなおにいいあらわしている。

本の絵の中で、私は、つみわら・晩夏・朝の効果が一番好きです。モネは、春・夏・秋・冬、そして、朝・昼・夕と季節、時間を変えて、何枚も同じつみわらの絵をかきました。それは、本当に太陽とのおいかけっこのようです。

同じつみわらでも、季節と時間を少し変えることで、光の明るさや、絵の感じが大きく変わることに、私はとても感動しました。同じつみわらなのに、まるでちがうつみわらに見えるからです。そして、つみわら・晩夏・朝の効果が、なぜ、一番好きかと言うと、ま

4 実際《じっさい》に自分が見た実物の印象《いんしょう》と比べながらその感想《かんそう》を書いている。

わりの空気がすきとおっていて、その絵に、太陽の光がたくさん当たっているように見えるからです。

　わたしは、以前に美術館で、モネの何枚かの「すいれん」の絵を見たことがあります。絵の近くで、じっとすいれんを見るのと、少しはなれて見るのとでは、私は、少しはなれて見る方が好きでした。それは、少しはなれて「すいれん」を見ると、不思議なことに、たくさん重ねた色の中から、「すいれん」がうかんで見えたからです。私も、こんなふうに絵をかけたらいいなあと心から思いました。

　私は、もう一つモネの好きな所があります。それは、たくさんの色を使うところです。例

5

文章から受けた感動だけでなく絵を見た感《かん》想《そう》や感動をあらわした立派な感想《かんそう》文となっている。

えば、青とむらさきなどで、色を重ねてぬって、かげの色を出したり、森のおくを深緑を使って表現している所が、なんてすばらしいのだろうと私は思いました。黒やグレーなどの暗い色をあまり使わないで、かげや夜を表すなんて、まるでまほうのようです。木には、木の緑色と決めつけるのではなく、一つの物をじっと見つめることで、少しかれた木の葉の茶色のような緑色や、新しく出てきためのやわらかい緑色と、かぎりない数の色が生まれていることです。

　モネは、本当に、自然が大好きだったのだと思います。自然の中で、思いどおりの色を使い、そのままに絵をかくことで、大好きな太陽を水を風をあざやかにえがきあげていたのだと思います。多くの時間やたくさんの美しい季節の中で、モネは楽しく遊んでいるように思いました。

　私も太陽と仲良くなって、まほうの色を思いっきり使って、すてきな絵を自由にえがいてみたいと思いました。

（第《だい》四十回青少年《せいしょうねん》読書感想《かんそう》文全国《ぜんこく》コンクール毎日新聞社賞《しょう》）

5 いろいろな書き方で書いてみる（手紙、語りかけるなど）

こんなお話です

『バリアフリーを考えよう』

左利《ひだりき》きの人、目の見えない人、高齢《こうれい》の人、車椅子《くるまいす》を使《つか》っている人、おなかに赤ちゃんのいる人。自分にとってはあたりまえで、便利《べんり》になったと思った物やサービスを使《つか》えない人がいます。これらの人たちが不便《ふべん》に感《かん》じることをとりのぞくためにどう考えればいいのでしょうか。

（ポプラ社）

財団法人共用品推進機構／松井智

1

自分が、本を読んで初めて気がついたことから書きはじめている。そして、疑問に思ったことへとすすんでいく。

バリアのない町へ

山口市立大歳小学校
三年　河内　誠志郎

みんなもバリアフリーって聞いたことがあると思う。ぼくは、今まで聞いたことはあったけど、お店の入り口にあるスロープのこととかかなあと思っていた。でも、この本を読んで、バリアフリーの意味がよく分かっていなかったことに気がついた。バリアフリーの「バリア」は「かべ」。行く手をはばむ物。「フリー」は、その行く手をはばむ物を「とりのぞく」という意味。つまり、バリアフリーとは、「かべをとりのぞく」ということだ。じゃあ、かべって何だろう？

自分が経験した具体的な例と、本の中に示されたことがらとを結びつけていく。

2 ぼくには、小さな妹が二人いる。だから、時々ベビーカーをおして歩く。その時、店に入ろうとすると何かにあたって進まなくなることがあった。少しだんさがあったんだ。おかげで、ベビーカーをかかえて上がらなくちゃいけなかった。その時に気がついたんだ。

ふつうの人には、わけないだんさ。でも、ベビーカーにとっては、とんでもない「かべ」＝「バリア」なんだ。気をつけて町を見てみるとバリアはいろいろある。スロープがあるけど急すぎておすのがたいへんだし、おりるのはあぶないお店。ちゅう車場から売り場に行くのに階だんやエスカレーターしかなくてスロープは外をぐるーっと大まわりしないといけないお店。ベビーカーでこんなにたいへんなんだから、車いすの人はもっとたいへんだろうな。こんなふうに「だれかにとってこまったじょうたい」が「バリア」なんだな。

車いすの人だけじゃなく、この本には、目や耳の不自由な人、お年よりやおなかの大きなにんぷさんのことも書いてあった。にんぷさんにもバリアフリーが関係あるなんてびっくりした。お母さんも四回もにんぷだったことがあるから聞いてみた。お母さんは階だんの上り下り、特に足もとが見えなくてふみはずしそうになる下りがたいへんだったそうだ。

それに、旅行中、バスや電車に乗った時、大きなおなかで、赤ちゃんをだっこして立っているのはきつかったそうだ。体の不自由な人やお年より、にんぷさん用のせきがあるのに。ぼくは、「はっ」と気がついた。どんなにゆう先せきのようにバリアフリーの工夫をしていても、みんなが助け合う気持ちがなかったら意味はない。バリアは目に見えるものだけじゃないんだ。ぼくたちみんなの心の中のバリアフリーがひつようなんだ。

　本の中にはいろいろなバリアフリーの工夫がしょうかいされている。手でさわっても分かる地球ぎとか大きな絵や文字のまんが本とか。ぼくがなるほどと思ったのはビンゴ大会この感想文の書きぶりは、読者に話しかけるように書いている。
文章がなかなか書けないときには「話しことば」にしてみるとスラスラ書ける場合もある。
また、作品や主人公などに手紙を書いてみるという方法もある。

のれいだ。番号を言うと同時に数字を書いた
カードを見せる。そうすれば耳の不自由な人
もみんなとできる。ルールを工夫しようとす
る気持ちが心のバリアフリーになるんだ。こ
れならぼくにもできる。
　ぼくは、これからは、自分に何ができるか
見つけて工夫していきたい。どんな人でも、
みんながくらしやすいバリアフリーな町にし
ていけたらいいなあと思う。

（第《だい》五十三回青少年《せいしょうねん》読書感想《かんそう》文全国《ぜんこく》コンクール全国《ぜんこく》学校図《と》書館協議《しょかんきょうぎ》会長賞《しょう》）

6 良《よ》い感《かん》想《そう》文をたくさん読んで参《さん》考《こう》にする

こんなお話です

『ことわざ絵本』

ひとつのことわざが左《さ》右《ゆう》両《りょう》方《ほう》のページで、五《ご》味《み》太《た》郎《ろう》さんのイラストで紹《しょう》介《かい》されています。右が今までのとおりのみんなが知っている解《かい》説《せつ》とそれを説《せつ》明《めい》した絵、左が五《ご》味《み》太《た》郎《ろう》さん創《そう》作《さく》のおもしろいことわざ。両《りょう》方《ほう》を読んでいると、それぞれのことわざのおもしろさが楽しめます。

（岩崎書店）

五味太郎

1945年、東京都生まれ。絵本作家。桑沢デザイン研究所ID科卒業。工業デザインなどの世界から絵本を中心とした創作活動へと入り、400冊を超える作品を発表。海外でも50数種類の本が翻訳されている。『かくしたのだあれ』『たべたのだあれ』でサンケイ児童出版文化賞、『仔牛の春』でボローニャ国際絵本原画展賞、エッセイ『ときどきの少年』で路傍の石文学賞などを受賞。

1 題名が読む人を「おや」とおもわせるような工夫がある。

2 本を読もうとしたきっかけを「おじいちゃんをぎゃふんと言わせる」とか、「にんまりした」という効果的な文章であらわしている。

ことわざで勝負

愛知県知多郡東浦町立緒川小学校

三年　津川　将輝

まずはじめにぼくは、ことわざのことをよく知りたかった。今年も四国のおじいちゃんの家に行った。おじいちゃんはわけのわからないことわざをよく使う。ぼくはわけがわからないので、どういう意味かと聞くと、おじいちゃんはえらそうに、ながながと説明してくれる。ぼくはおじいちゃんを、ぎゃふんと言わせられるような本はないかと本屋に行って、この『ことわざ絵本』を見つけた。そしてさっそく家に帰って読んでみて、ぼくはにんまりした。これなら勝てるぞ。ぼくの知ら

3 物語、伝記、科学読み物などとちがって、説明的な辞典にちかい本なので、感想文が書きにくいが、自分の考えや経験と結びつけて、楽しみながら書いている。

ないことわざが山もりだった。
（3）その中でぼくがさいしょに気に入ったのは、ミイラとりがミイラになる、ということわざだ。昔、ミイラは薬として高く売れたので、無理してミイラをとりに行く人がいたそうだ。でもあまり無理をしすぎて、とりに行った人がミイラになってしまったという意味らしい。ぼくはミイラのおんねんが、ミイラとりに行った人にのりうつる事かと思ったが、意味がちがっていたので、がっかりした。
　それから七転び八起き、というのは、七回転んでも八回起きて転んでも転んでもまた起

4 よくわからなかったことをすなおに書いて、自分の経験と結びつけているのがおもしろい。

きて、がんばれという意味だ。でも九転び十起きでも、十一転び十二起きでもいいんじゃないか。まあとにかく起きて起きて起きるんだあ、という事だな。

　ねこをおうより魚をのけよ、これはサザエさんで見た事がある。人とねこのばんごはんそうだつせんだ。やつらは人よりすばしっこいので、やつらをおいかけるより魚をかくした方がりこうだという事だ。そうなるとぼくにとっての魚はファミコンだと、父さんが言っていた。そうか、魚をかくされないようにしなければいけないなあ。

　4 わからなかったのは、船頭多くして船山にのぼる、という事だ。なれた船頭が多いほど船はうまくすすむのじゃあないのか。ところがどっこいみんなが言いたいことを言いあって、方向すらきまらず、船が山にまでのぼってしまうということだ。そういえば父さんと母さんが、ちがう事を言っておこる事があるが、どちらか一方にしてもらいたいものだ。やっぱりリーダーは一人でいいと思う。

　やなぎの下のどじょうは、一度やなぎの木の下でどじょうをつったからと言って、いつもやなぎの下にどじょうがいるとはかぎらないという事だ。そういえば四国のおばさんが宝くじの当たりがでた売り場へなん時間もかけて買いに行った、という話を聞いた事がある。これはきっとやなぎの下のどじょうだな。

5
まとめがはじまりとうまくむすびついているのがいい。「ぎゃふん」といわせるどころか「くやしいのなんの」として、「下手の考え休むににたり」とことわざで結んでいる。

　ようし、これでだいじょうぶ。さっそくおじいちゃんにクイズを出してみた。ところが全部知っていて、例なんか出して説明するんだ。あんなに一生けんめい本を読んだのに、くやしいのなんの。もしかしたら、こういうのを下手の考え休むににたり、と言うのかもしれないな。でも、また本屋に行って、今度こそおじいちゃんに勝てる方法をぜったい考えてやるぞ。

（第《だい》四十二回青少年《せいしょうねん》読書感想《かんそう》文全国《ぜんこく》コンクール全国学校図《と》書館《しょかん》協議《きょうぎ》会長賞《しょう》）

『犬ぞりの少年《しょうねん》』

ウイリーは愛犬《あいけん》サーチライトと一緒《いっしょ》に病気《びょうき》のおじいさんの看病《かんびょう》をしていました。でも税金《ぜいきん》が払《はら》えないために農場《のうじょう》をとりあげられそうになります。ウイリーは、そこで犬ぞりレースに参加《さんか》して賞金《しょうきん》をもらおうと心に決めますが、これまでただの一度《いちど》だって負《ま》けたことがないという先住民《せんじゅうみん》ストーン・フォックスという強敵《きょうてき》がいるのです……ロッキー山脈《さんみゃく》に伝《つた》わる伝説《でんせつ》をもとにした感動《かんどう》の作品《さくひん》です。

（文研出版）

J・R・ガーディナー◉作

1944年ロサンゼルス生まれ。カリフォルニア大学工学部卒業。エンジニアの仕事のかたわら執筆をし、本書はベストセラーとなりテレビドラマ化もされた。

久米穣◉訳

かみやしん◉絵

1 自分がいちばん感動したことをはじめに書いていく。

2 読みを一度だけでなく、二度、三度とくりかえして、感動をふかめている。

『犬ぞりの少年』から教わったこと

千葉県市川市立中山小学校

三年　遠松　和樹

初めてこの本を読んだ時、ぼくとたった一歳しかちがわない少年が、おじいさんとの楽しい生活を取り戻すために、必死で頑張るすがたと心の優しさに感動した。そしてそりレースのシーンでは、むちゅうでウィリーを応えんしながらすごいスピードで読み進み、最後の悲しい結末にただボーッとした。

二度目に読んだ時、ストーン・フォックスの優しさに感動した。彼は白人にひどい仕打ちを受けた先住民のために、そりレースで賞金をかせいでいた。白人をにくんで口をきか

3

一度だけでなく、二度、三度と読みをくりかえして、感動をふかめている。

なかった。とても強い意志を持つ男だと思う。なのに、自分が勝ったはずのレースをウィリーにゆずった。彼の心を動かしたのはいったい何だろう。

3 そう思って、もう一度読んでみた。ウィリーがストーン・フォックスに言った『そうしたいと思うだけでなく必ずそうするという意志が大事だ。』という言葉が胸に残った。おじいさんにいつも言われている言葉だ。農場を守るために、この言葉を胸に頑張るウィリーに、ストーン・フォックスは自分と通じるものを感じたのだと思う。そして、本当にレースで必死で頑張るウィリーとサーチライトを見て、きっと心が動いたのだと思う。

　おじいさんの病気は「人があきらめた時におこる」病気だった。でも、レースの時、おじいさんは起き上がっていた。ウィリーのあきらめない強い気持ちがおじいさんにも通じたのだ。ぼくは、ストーン・フォックスやおじいさんの気持ちを動かしたウィリーは本当に強いと思った。いっしょうけんめいな気持ちは、人の心を動かすことができるのだと思った。

　物語には書いていないけれど、この後きっとおじいさんも生きることをあきらめないで、働いて税金をおさめようと頑張るだろうと思

4 自分が疑問に思ったことをもう一度読むことによってたしかめる。

5 自分の生活や体験と比べあわせながら、もし自分だったらどうするだろうかと、考えを深めていく。

った。

ぼくは毎日何も不自由なく過ごしている。お父さんが働いてお金をもらってきて、お母さんが家事やぼく達の世話をしてくれる。けれど、もしどちらかが大きな病気になったらどうなるんだろう。自分の事さえちゃんとできないぼくがウィリーみたいにがんばれるだろうか。当たり前の生活をするには、健こうや努力や思いやりが必要なんだと知った。これからは、家族に感しゃして、たくさん手つだいたいと思う。

また、ぼくは今まで運動やサッカーなど得意な事や好きな事は、苦しくても頑張ってきたけれど、苦手な事や頑張っても人に負けそうな事は、すぐにあきらめていた。特に、自分より年上の相手にはどうせ負けるからと、にげてしまうところがあった。でも、ウィリーは自分よりずっと大きく、しかも、りっぱな犬を持つ相手に、少しもおそれずにたたかいをいどんだ。これからはぼくも、失敗をおそれずに、何にでもあきらめずに一生けん命頑張っていきたいと思う。それが、ぼくがこの本とウィリーから教わったことだ。

（第《だい》五十一青少年《せいしょうねん》読書感想《かんそう》文全国《ぜんこく》コンクール内閣総理《ないかくそうり》大臣賞《だいじんしょう》）

こんな
お話です

『ダンゴムシはだんご好《ず》き?』

小3のユウは、生きものが大好《だいす》き。ある日、ダンゴムシに興味《きょうみ》を持《も》ったユウは、さっそく調査《ちょうさ》を開始《かいし》する。ダンゴムシの好《す》きなえさは何か? 迷路《めいろ》をどう進《すす》んでいくか……など、次々と調《しら》べていく。自分で実験《じっけん》したり調《しら》べ物《もの》をしてみたくなる。

(文渓堂)

谷本雄治◉作

1953年名古屋市生まれ。岐阜大学農学部を卒業後、新聞記者に。プチ生物研究家として身近な生き物を素材にした作品を発表している。著書に『カブトエビの寒い夏』『ぼくは農家のファーブルだ』など。

こぐれけんじろう◉絵

1

本の内容についてまず、簡単《かんたん》に紹介して、実際《じっさい》に読んで自分がためしてみたことを書いていく。

科学読み物などを読んだときに、実際《じっさい》に自分も実験や観察をやってみたくなることがある。

そこで本に書いてあることを参考にしながら試してみたことを書いていく。

ダンゴムシはだんご好き?

東京都江戸川区立第三葛西小学校

三年　橋田　一輝

1

この本は小学三年生のユウくんが、ダンゴムシについていろいろ調べていく本です。

ぼくも、この本を読んでいくうちにダンゴムシのかんさつをしたくなりました。そこで、ダンゴムシをとりに行きました。タイヤの下にいました。本でダンゴムシの足の数を調べていたのでぼくも数えてみました。動いていて数えにくかったけど十四本ありました。

次に本に書いていたよじのぼりのけんきゅうをしてみました。下じきや、えん筆などのつるつるした物はすべってのぼれませんでしたが、紙などのひっかけられる物はのぼれることがわかりました。かべをのぼらせてみたら百七十センチい上のぼれたのでびっくりしました。

　ダンゴムシの家は水そうに土とおち葉を入れてすこししめらせました。後で見るとおち葉の下にダンゴムシがかくれていました。

　えさににんじんの皮と先の部分を入れたら皮は食べずに先の部分だけ食べていたので皮はきらいなのかなと思いました。

　ユウくんは、体の半分が、白くなっているダンゴムシをみつけて病気じゃないかと心配していましたが、それは、だっ皮のと中のダンゴムシでした。ぼくは、ダンゴムシが半分ずつだっ皮するって知ってたのでおどろきませんでしたが次の日水そうにだっ皮のからを見つけた時はうれしかったです。今度はだっ皮するところを見てみたいです。

　次に、オスとメスの見分け方を調べてみました。オスのせなかはつやつやしているだけだけど、メスには黄色いもようがたくさんあります。また、オスのおなかは茶色っぽくメスは黄色いことがわかりました。

　ダンゴムシはムシってつくけどこん虫じゃなくカニやエビのなか間だと聞いてびっくりしました。

本に書いてある以外の自分でみつけた発見も書いておく。

たまごをうむのではなく子どもをうむことも知らなかったのでびっくりしました。

ダンゴムシは泳げるかどうかユウくんが知りたそうだったのでぼくも調べてみました。水をカップに入れて、その中にダンゴムシを入れてみました。そしたら、水の中でひっくりかえって泳げませんでした。

本にはのってなかったけど、ダンゴムシをかんさつしたらせなかの横線の数が一ぴきずつちがっていることに気がつきました。

ダンゴムシをひっくりかえしてみたら、足を上下に動かして丸まりながらいきおいをつけておきあがりました。ぼくはダンゴムシのことをよく知ってるつもりでいたけれど、この本を読むと知らないことがまだたくさんあることに気づきました。この本のおかげではじめてダンゴムシをかうことができました。かってみるとダンゴムシのことがもっと知りたくなりました。

ぼくはこれからもユウくんにまけないようにダンゴムシのことをよくかんさつしたいと思います。

（第《だい》五十二回青少年《せいしょうねん》読書感想《かんそう》文全国《ぜんこく》コンクール入選作品《にゅうせんさくひん》）

『ピトゥスの動物《どう》物《ぶつ》園《えん》』

7歳《さい》から11歳《さい》のなかよしたちが、病気《びょうき》の仲間《なかま》ピトゥスのために考えたのは、1日だけの移動動物《いどうどうぶつ》園《えん》を開《ひら》いてあげること。はじめはできるわけないよ！　と言われていたのが、他《た》のこどもたちや周《まわ》りの大人《おとな》たちも巻《ま》き込《こ》んで、やがて町をあげての一大イベントになってゆく……。夏のバルセロナを舞台《ぶたい》にした友情《ゆうじょう》物語《ものがたり》。スペインの国《こく》民的《みんてき》ベストセラーとなった作品《さくひん》。

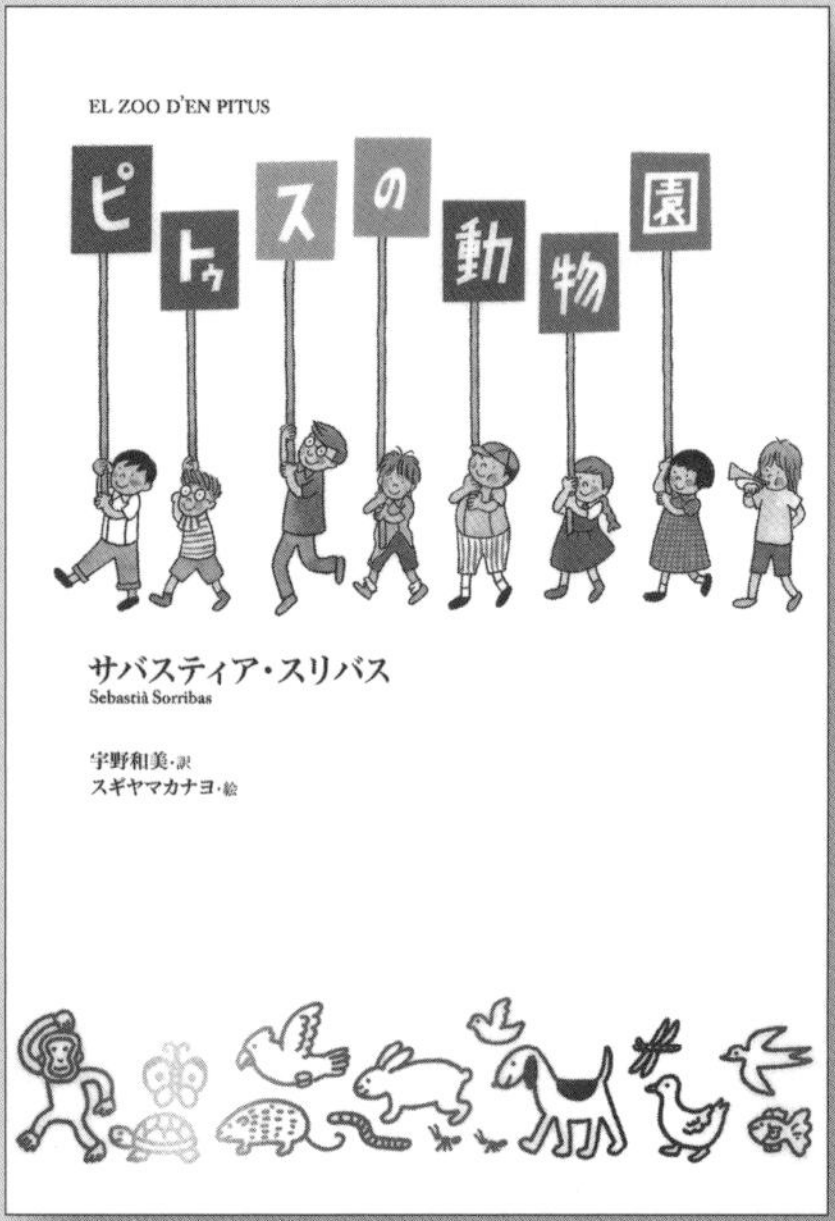

（あすなろ書房）

サバスティア・スリバス◉作

1928年、スペインのバルセロナ生まれ。1965年に『ピトゥスの動物園』で第1回フォルク・イ・トーラス賞を受賞。小学校の教師をつとめながら、カタルーニャ語で子ども向けの読み物を多数発表。カタルーニャ児童文学を代表する作家である。

宇野和美◉訳

1960年、大阪生まれ。東京外国語大学スペイン語学科卒。出版社勤務を経て、バルセロナ自治大学大学院に留学。訳書に、『ベラスケスの十字の謎』（徳間書店）、『ペドロの作文』『ぼくのミラクルねこネグロ』（以上アリス館）など。

スギヤマカナヨ◉絵

ステーショナリー会社勤務の後、アメリカでエッチングを学ぶ。著書に『ペンギンの本』（講談社出版文化賞、講談社）など。

1 本を読もうとしたきっかけが「おび」であったというところから書いている。

2 本の内容を紹介しながら、自分が強く心に思ったことも順を追って書いている。

やさしい心

徳島県那賀郡那賀町立鷲敷小学校
四年　村上　友理

1 書店で「スペインの子どもたちに熱狂的にしじされているベストセラー！」という本のおびに目が止まった。それがどんな内ようなのか気になり、ぜひ読んでみたくなった。

2 重い病気にかかった友だちのピトゥスを助けるために、なかよし五人組のタネットが考えたあんは動物園を作ろうだった。動物園を作って、お客さんをよんで、お金を集めようというのだ。タネットのていあんを聞いて、初めは、私もピトゥスの仲間と同じように、「えーっ、むりだよ。」それはよいあんだけど、小学生にはできっこないよ。」と思った。

　しかし、読んでいくうちに、登場人物みんなが元気で、生き生きしているので、もしかしたら動物園作りは成こうするのではと、むねがわくわくしてきた。また、私も元気がでてきた。今までいろんな本を読んできたが、こんなに元気をもらったのは初めて出会った。「いい本に出会えて良かった。こんな本がたくさんあるといいのになあ。」と思った。

　私は何度も何度も読み返した。すると、大切なことが書いてあるのに気がついた。ピトゥスを助けるために立てた動物園を作る計画

3

読んでいて気がついたことや、作者のメッセージを読み取ってそれを書いていく。

は、初めタネット一人で、むちゃな計画に見えた。それが仲間が集まって五人になり、次に神父さん、それから町の子どもたち、動物学者のプジャーダスさんと、どんどん協力者がふえた。友だちを救おうと心を一つにしてがんばったので、すばらしい動物園ができた。

動物園が成こうしたのは、「なんとかなるだろう」とか、「だれかがやるだろう」という考え方ではなく、やると決めたら、最後まであきらめないでやったからだ。

3 なにをするにも初めは一人で不安だ。しかし、自分の考えをみんなに聞いてもらい、さん成してくれる仲間がふえると、それが大きな力となり、できないと思っていたことができるようになる。大切なのは、「やろう、やろう」という前向きの考え方と、心を一つにして力を合わせることだ。また、子どもも、大人も、町の人みんなが自分にできることを人から言われるのではなく自分から進んでやったから、動物園は大成功したのだと思った。

　初めは、空き地に動物を集めようという計画であったが、動物園ができ、集まったのは動物たちだけではなかった。みんなの気持ちや知えや幸せがいっぱい集まった。いつの間にか町の人たちみんなが実行委員で、町の人みんながお客さんになっていた。私には「ピトゥスの動物園」は、動物園につめかけたピトゥスを思う仲間たちや町の人たちみんなの

4

自分がはげまされたり、未来に向かって考えたりしたことをすなおに表現《ひょうげん》してまとめとしている。

「やさしいすがた」に見えた。「私の住んでいる町もこんな町にしたい。」と強く思った。

この本を読んで、私の心の中にも、友だちといろんなことを、どんどんやっていきたいという気持ちがわいてきた。

「自分にできることを自分から進んで、自分の力でする。」というやり方で、友だちによびかけ、さん成してくれる仲間をふやし、自分の未来や社会の未来を明るくしていきたい。

（第《だい》五十三回青少《せいしょう》年《ねん》読書感想《かんそう》文全国《ぜんこく》コンクール内閣総理《ないかくそうり》大臣賞《だいじんしょう》）

『しあわせの子犬たち』

おばあちゃんの農場《のうじょう》で夏休みを過《す》ごすことになったエリザベスは、コリー犬《けん》のエルシーの出産《しゅっさん》に立ち会います。エルシーが生んだ子犬は6匹《ぴき》。それぞれ個性《こせい》のある子犬たちが育《そだ》つと、エリザベスはおばあちゃんと一《いっ》緒《しょ》に子犬をほんとうにしあわせにしてくれる飼《か》い主《ぬし》はどんな人たちなのか、いろいろ考えます。

（文研出版）

メアリー・ラバット◉作

1944年カナダ生まれ。カナダの有名作家に。教員向けの雑誌編集にも長年たずさわっていた。

若林千鶴◉訳

1954年、大阪市に生まれる。大阪教育大学大学院修了。大阪市の公立中学校で国語科を教え、図書館を担当。訳書に『暗やみにかがやく巣』（文研出版）、『時を超えた記憶』（金の星社）など。

むかいながまさ◉絵

1941年、鎌倉市に生まれる。上智大学卒業後、出版社勤務を経て画家となる。

1 本を読んで一番心に残った場面を本文から引用《いんよう》して書いている。

「しあわせの子犬たち」を読んで

岐阜県大垣市立中川小学校
四年　藤田　ひかる

[1]「あのね、子犬は愛しいものなのよ、エリザベス。わたしとあなたとでね、子犬を愛したがっている人を見つけてあげるの。生きていくのに、子犬が必要な人がいるのよ。」

　おばあちゃんにそう言われたとき、エリザベスはとまどったに違いありません。エルシーが一生懸命産んだ六ぴきの子犬たちをほかの人にあげるなんて、考えもしなかったでしょう。エルシーの姿に母親を感じながら、自分も同じ気持ちで育ててきたのだから。けれど、子犬を飼いたいと申し出る人たちとおば

2 物語の展開《てんかい》を追いながら、自分がきづいたことを書いていく。

あちゃんとのやりとりを通して、その言葉の意味に気付きます。おばあちゃんとエリザベスは子犬たちを心から愛してくれる人を探していたのです。

2 生きる支えとしてグロリアを選んだおじいさん。初めてクレメンタインがしっぽを振った女の子。こぼれ落ちる涙をエミリーがやさしくなめあげた女の人。家族を亡くした悲しみをプリンセスが忘れさせようとした二人の子どもたち。ロッキーにおもちゃを持ってきた若いカップル。二人が認めた飼い主はみんな、新しい家族として心から子犬を愛し、子

3 読んでいて心にひっかかったことを、物語を通して考えていく。

犬たちから愛される人たちばかりでした。こんなにすてきな出会いを手助けすることができたのは、おばあちゃんもエリザベスも本当に子犬たちの幸せを願っていたからだと思います。そして、エリザベスは、愛しい子犬たちとの生活が人を幸せにするのだと分かったんだと思います。

3 けれど、エリザベスの心には何かがひっかかっていました。それは、大好きなおばあちゃんがひとりぼっちになってしまうこと、エルシーが自分の大切な子どもたちを全部、なくしてしまうことでした。亡くなったおじいちゃんのことを感じることができるこの農場は、おばあちゃんの「根っこ」、別の場所で住むなんて考えられません。冬になると、おばあちゃんにはエルシーしかいません。最後に残ったアナベルをあやすおばあちゃんたちをみてエリザベスは、「おばあちゃんには、アナベルが必要よ。それは、エルシーも同じ。」と言いました。だれよりも子犬の世話をし、だれよりも愛するものを必要としていたのは、本当の母親であるエルシーと、おばあちゃんだとエリザベスは考えたのだと思います。最後にその言葉どおりに、おばあちゃんが、アナベルという新しい家族との生活を始めたことが分かり、心が温かくなりました。

本当の幸せは、だれかを心から大切にし、心から大切にされていると感じられることだ

4 自分の生活を物語で語られていることを重ねあわせながら、作者が一番伝えたいことについて考える。

とわたしは思います。わたしの家族は、わたしのことを気づかってくれます。悲しいときに勇気づけてくれるし、うれしいときにはいっしょによろこんでくれます。それなのに、素直になれずに、家族を大事にすることができないときがあります。このお物語のおばあちゃんやエリザベスのように、相手を思いやる気持ちを言葉にし、行動したいです。それが本当の幸せをつかむ第一歩だと思うからです。

（第《だい》五十五回青少年《せいしょうねん》読書感想《かんそう》文全国《ぜんこく》コンクール文部《もんぶ》科学大臣《だいじん》奨励賞《しょうれいしょう》）

こんな本を本書では紹介しました
本書で紹介した本の一覧

『であえて　ほんとうに　よかった』
宮西達也・作絵（ポプラ社）

『おじいちゃんのおじいちゃんのおじいちゃんのおじいちゃん』
長谷川義史・作絵（BL出版）

『天使の翼　心がはばたくとき』
倉橋燿子・作　佐竹美保・絵（ポプラ社）

『盲導犬不合格物語』
沢田俊子・文（学習研究社）

『地球温暖化、しずみゆく楽園ツバル ～あなたのたいせつなものはなんですか？～』
山本敏晴・写真・文（小学館）

『魔女の宅急便』
角野栄子・作　林明子・画（福音館書店）

『龍の子太郎』
松谷みよ子・作　田代三善・画（講談社）

『ルドルフとイッパイアッテナ』
斉藤洋・作　杉浦範茂・画（講談社）

『車のいろは空のいろ』
あまんきみこ・作　北田卓史・画（ポプラ社）

『まじょのめざまし』『にこりん村のふしぎな郵便』
茂市久美子・作　浜田洋子・画（ポプラ社）

『だれもしらない』
灰谷健次郎（あかね書房）

『れいぞうこのなつやすみ』
村上しいこ・作　長谷川義史・絵（PHP研究所）

『空のてっぺん銀色の風』
ひろはたえりこ・作　せきねゆき・絵（小峰書店）

『十歳のきみへ──九十五歳のわたしから』
日野原重明（冨山房インターナショナル）

『ぼくのだいすきなケニアの村』
ケリー・クネイン・作　アナ・ファン・絵
小島希里・訳（BL出版）

『干し柿』
西村豊・写真・文（あかね書房）

『あらしのよるに』
きむらゆういち（小学館）

『モネの絵本　太陽とおいかけっこ』
結城昌子（小学館）

『バリアフリーを考えよう』
財団法人共用品推進機構／松井智（ポプラ社）

『ことわざ絵本』
五味太郎（岩崎書店）

『犬ぞりの少年』
J・R・ガーディナー　久米穣・訳
かみやしん・絵（文研出版）

『ダンゴムシはだんご好き？』
谷本雄治・作　こぐれけんじろう・絵（文渓堂）

『ピトゥスの動物園』
サバスティア・スリバス・作　宇野和美・訳
スギヤマカナヨ・絵（あすなろ書房）

『しあわせの子犬たち』
メアリー・ラバット・作　若林千鶴・訳
むかいながまさ・絵（文研出版）

著者について

依田逸夫（よだ・いつお）

1940年生まれ。山梨県出身。東京学芸大学卒業後、東京都の公立小学校に勤務し、学校図書館活動、読書指導に携わってきた。一方、作家として作品も発表している。
作品に『とうさんの家庭訪問』（ポプラ社）、『水曜日はぎゅうにゅうの日』（文研出版）、『春さんのスケッチブック』（汐文社）、『スミレさんの白い馬』（ひくまの出版）など多数がある。

編集協力●BOOK PLANNING（笠原仁子、高岡幸佳）

ブックデザイン・本文DTP●WELL PLANNING

ジャケット・本文イラスト●宮西達也「であえて ほんとうに よかった」「おまえ うまそうだな」（ポプラ社刊）より

読書感想文の書き方　中学年向き

2010年6月10日　第1刷発行

著者●依田逸夫　©Itsuo YODA, 2010

発行者●坂井宏先
発行所●株式会社ポプラ社
〒160-8565　東京都新宿区大京町22-1
電話　03-3357-2212（営業）
03-3357-2305（編集）
0120-666-553（お客様相談室）
ファックス　03-3359-2359（ご注文）
振替●00140-3-149271
インターネットホームページ●http://www.poplar.co.jp/

印刷●瞬報社写真印刷株式会社
製本●株式会社ブックアート

Printed in Japan
N.D.C.019／143p／26cm　ISBN978-4-591-11879-5